目次

本書は建築知識創刊60周年を記念し、ご好評いただいたエクスナレッジムック「ストーリーで面白いほど頭に入る鉄骨造」(2014年3月刊)を復刊したものです。

編集協力 キャデック
漫画協力 アミューズメントメディア総合学院
組版 鈴木晶弘
装丁 meu-jp

ふわぁ〜
ヒロキ
でもよう…サボるのはいいけど
タコ親父の話だとオレたち卒業ギリギリだべ
君たち!! このままでいいんですか!?
うっせーよタコ
ギャハハハ
タコは海にもぐっとけっつーの!
まぁ卒業したとしても適当にセンモン（専門学校）行くかどうかってとこだけどな、オレら
ショウ
コクコク
ケンジ
いけね わりぃ オレ、バイト行くわ
ガバッ
今日、建て込みで人手が足んねーんだった

は？
これから学校だろ？なんでバイト行くんだよ？
がばっ
いや できれば今日休んででも来てくんねーかって風間の親父さんから頼まれてたんだ
テツヤ
…そうだ
おまえらも一緒に来ねぇ？
おまえのバイト先ってキツイ、キタナイ、キケンが三拍子揃ってるとこだろ
はぁ？3Kとかマジムリなんすけど
まーな
だけど仕事中の安全管理はきちんとされてるし職人さんもいい人たちだぜ
安全第一
たりーよ
重てぇもん持つなんてよー
たしかに重たいもんは持つし汗はかくし…
ナイスバディで美人のネェチャンはいるし…
ウフフ♡
あっそ
ならヤメとくか

なんだとー!!
おまえ、オレらにダマって
そんなとこ行ってたのかよ
それを早く言えよ!
ガ
シイ
ウィーン
ちーっす
のろ
のろ
シッ!

遅いわよ テッちゃん！
風間社長の娘 鏡子
垣本さんまで 無理して高いとこ のぼってんだから…
すぐ支度して！
ゲッ
あの…
オレのダチ 応援に連れて 来たんすけど
キラーン
ええー！ そうなの!? ちょうど人手が足りなくて 困ってたのよ！
ギュッ
じゃ さっそく働いて もらおうかしら

おお…
何やってるか
わかんねーけど
なんかスゲーな
ほぇ～…
ビクッ
ジャマだ
そこっ!!
あっぶねえぞ!
す、
すいません

君たち！
なにボーッとしてるの!!
このボルトの箱
片づけて！
えっ!?
オレが？
あと職人さんの
休憩入るから
お茶買ってきて！
ゾロゾロ
あんたは
ここらへんを
掃除！
ブーブー
えー
オレも上
のぼりてぇよー
ナマイキ
言ってんじゃないの
……

なあテツヤ
おまえのダチ
やる気あんのか？
どーすかね
……
どうだ？　この仕事
おまえらもやってみるか？
やってみるよな!?
ドオーン！
もうヤル気
マンマンよね！
風間社長
えーーーっ!!
先に言っとくが
相手が鉄骨だからって
ただの力仕事だと思ったら
大間違いだからな

たしかに…
重たいもんは全部
クレーンで揚げてますもんね
オレなんか
あんな重そうな鉄骨が
全部ピタピタとハマるんで
なんかビックリっつーか
そうそう
あんなデッカイ鉄骨なのに
ボルトの孔《あな》まで
ビシッっと
そうだろ？
鉄骨ってのは現場で
修正きかねえから
工場の段階で完璧に
つくらなきゃ
なんねえんだよ
ちょっとでも
間違えたら即死
指ツメるくらいじゃ
すまねぇ
クイッ クイッ
サーー。。
おまえらそういうの
苦手そうだけど
好きとか
言わせねー
からな！
オー!!
そうよ！
次からはもっと
ビシビシ
いくわよ！
おっ
お––––

テッちゃん
いいよね？
こいつら鍛えて
グッ!
いいんじゃ
ないすか
カァ
カァ
いやぁー
テツヤがあんなとこで
働いてるとは
知らなかったぜ
うちは
親父がいねえ
から…
オレががんばって
稼がねえとな
鉄骨屋のバイトで
溶接とか覚えたら
バイクの改造も
できっかな？
できん
じゃね？
でっけーガンプラ
つくるみてーな
もんだよ
それより
鏡子さんって
おっかねーな
あ
あん？
うちの
姉貴よりも
ヤバそうだ…
でも鏡子さん
ああ見えて
女子大生なんだぜ
女子大生!?
しかもすげえ
コンピューター使いなんだ
重機もできるし…

ただ あれじゃ 嫁に行けねえな
あん？風間組 ナメんなよ!?
親父も コエーし
ピシィ!
あぁっ♡
そう？
オレ ああゆうキツめの オネエサマ… いいんだよなぁ
ニヤ ニヤ
あ、おまえ そっち系だっけか？
なっ なんだよー!?
あた ふた
へっくし!
ゾゾ〜
ガタ
ガタ
なんか… ぞくってした 今…
あの馬鹿猿ども じゃねえのか
ワハハハ

第1話 鉄骨加工工場

鋼材は切った張っただけじゃない!

風間金属工業
ふぇーーー！ 意外とでけぇ！
ここが うちの工場よ！
おう！ おまえら よく来たな！
どうだ チリひとつ 落ちてねぇだろ？
ちぃ〜す!!
ピシ！
うちは Ｍグレード なの
Ｍグレード？
そう！
キョロ キョロ

工場のグレード
鉄骨加工工場には グレードという 許可認定の制度が あって…
うちでは 400Nおよび490N級鋼 板厚40mm以下が扱えまーす!
M
かざまきんぞくこうぎょう
グレードの種類によって できる仕事の範囲が 決まってくるの
Mグレードって ことは… やっぱり Mの人たちを 集めて…
ブツブツ
グレードって ほかに何が あるんすか?
Mの上がH その上にS Mの下は RとJ…
S
H
M
R
J
エッチで! なおかつSとMが 上から下から??
あんた さっきから何 考えてんのよ!
ガツッ!
おー 鉄骨って かっけーなー
ん?

!!
ダメ!!
危ないわよ!
わっ!
グイッ
サーッ
いいこと?
吊られてる部材の下には
絶対入っちゃダメ!
あぁそうだ
もし落ちてきたら
ペチャンコだ
指ツメるのとは
ワケが違うぞ
すんません…

鉄骨加工工場のグレード区分（全国鐵構工業協会）

グレード	製作可能な建物規模	鋼材種別
S	・すべての鉄骨溶接構造の建築物 ・延べ面積制限なし ・建物高さ制限なし	制限なし
H	・鉄骨溶接構造の建築物 ・延べ面積制限なし ・建物高さ制限なし	400N、 490Nおよび 520N級鋼
M	・鉄骨溶接構造の建築物 ・延べ面積制限なし ・建物高さ制限なし	400Nおよび 490N級鋼 板厚40㎜以下
R	・鉄骨溶接構造の５階以下の建築物 ・延べ面積3,000㎡以下 ・建物高さ20m以下	400Nおよび 490N級鋼 板厚25㎜以下
J	・鉄骨溶接構造の３階以下の建築物 ・延べ面積500㎡以下 ・建物高さ13m以下かつ軒高10m以下	400N級鋼 板厚16㎜以下

鉄骨加工工場のチェックポイント

項目	チェックポイント
規模、周辺環境	・工場の幅、奥行、間口、高さ（3階建て程度以上あるとよい） ・工場の前面道路幅、トラック出入口の幅 ・工場周辺の高速道路、高架、学校施設などの有無
設備・作業環境	・クレーンの許容荷重 ・切断機、孔あけ加工機、作業台の大きさ ・作業場（屋内で行っているか） ・床面（土埃の舞うような環境は溶接欠陥を招きやすい） ・工場内の明るさ（手元が暗いと製品の品質に影響する） ・道具類が整理・整頓されているか（喫煙スペースは作業場外にあるか）
工場の証明書・実績	・グレード（S～J［全構協］、T1～T3［東京都］） ・過去の実績写真
有資格者の確認	・溶接はWES（日本溶接協会規格）の免許取得者 ・超音波探傷検査は全国鐵構工業協会建築鉄骨超音波検査技術者
工事物件との関係	・工事現場からの距離 ・建築現場までの搬送ルート

鋼材の種類
これは君たちも知ってるよね！

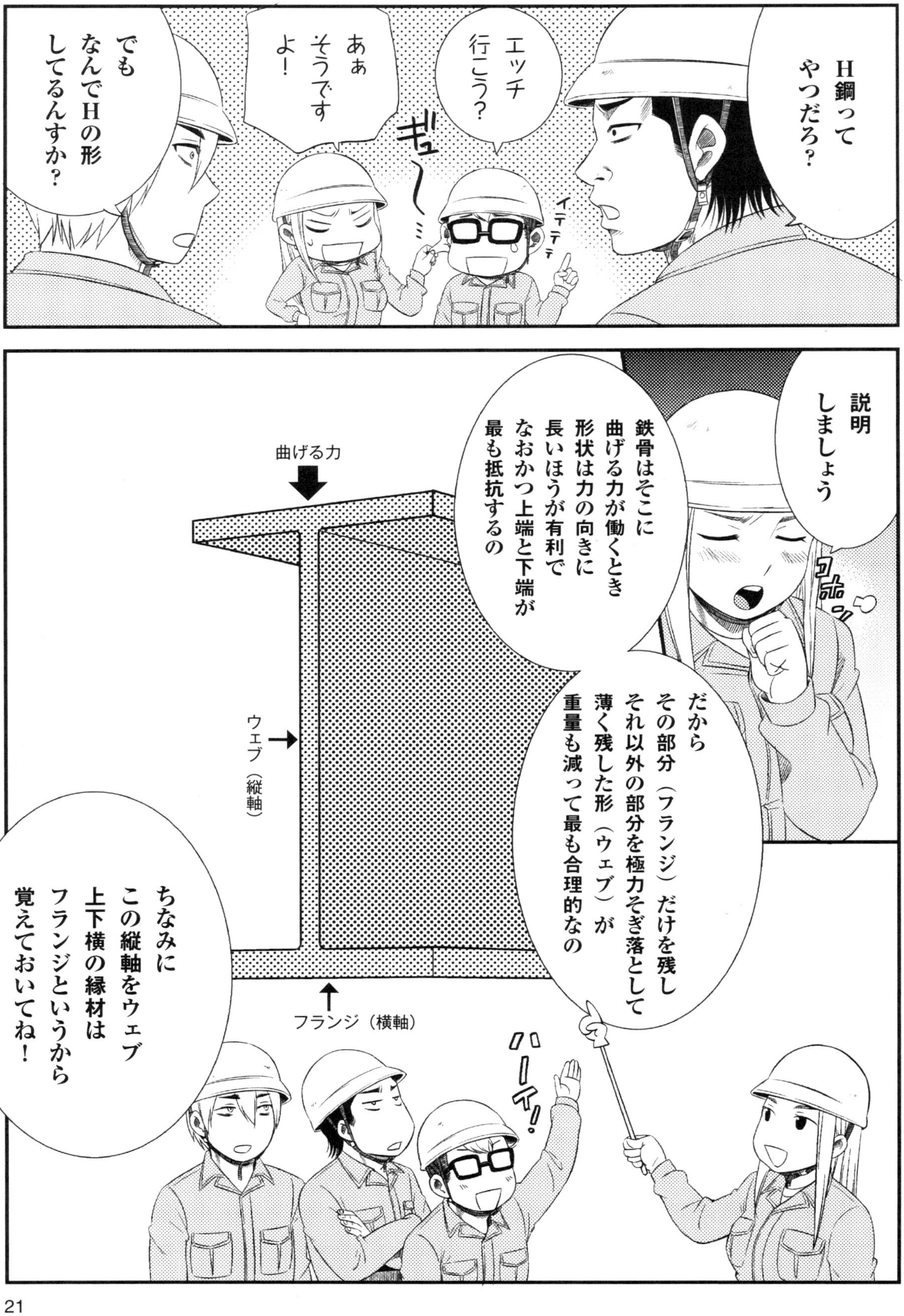
H鋼ってやつだろ？
エッチ行こう？
ギュ〜
イテテテ
あぁそうですよ！
でもなんでHの形してるんすか？
説明しましょう
コホッ
鉄骨はそこに曲げる力が働くとき形状は力の向きに長いほうが有利でなおかつ上端と下端が最も抵抗するの
曲げる力
ウェブ（縦軸）
フランジ（横軸）
だからその部分（フランジ）だけを残しそれ以外の部分を極力そぎ落として薄く残した形（ウェブ）が重量も減って最も合理的なの
ちなみにこの縦軸をウェブ上下横の縁材はフランジというから覚えておいてね！
ハーイ！

H形鋼にかかる力

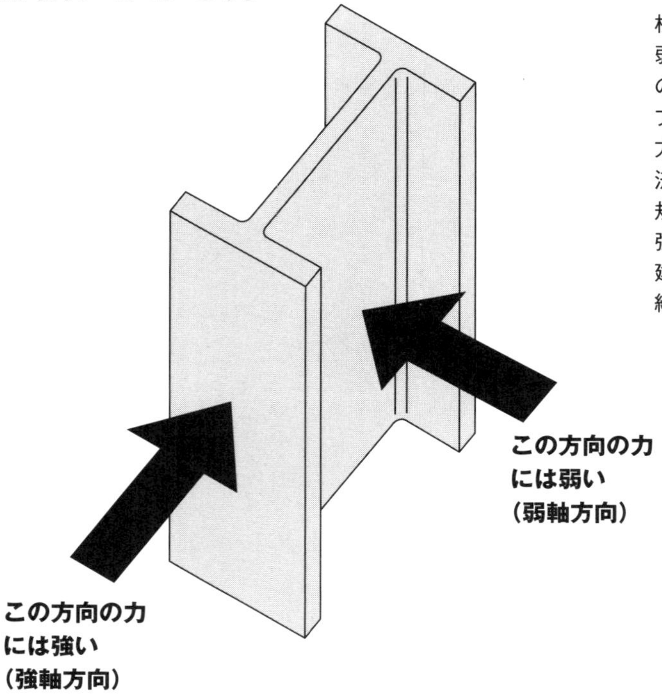
この方向の力
には弱い
（弱軸方向）
この方向の力
には強い
（強軸方向）

柱にH形鋼を用いる場合は、強軸方向と弱軸方向で断面性能の差が大きくなるので、設計時の方向に注意を要する。ブレースの配置が可能な場合は、弱軸方向とブレースの方向を合わせると、経済的で合理的な設計が可能となる。小規模建築で柱にH形鋼を用いる場合は、強軸方向と弱軸方向を交互に並び換え、建物全体でバランスをとることにより、経済的な建物とするケースもある

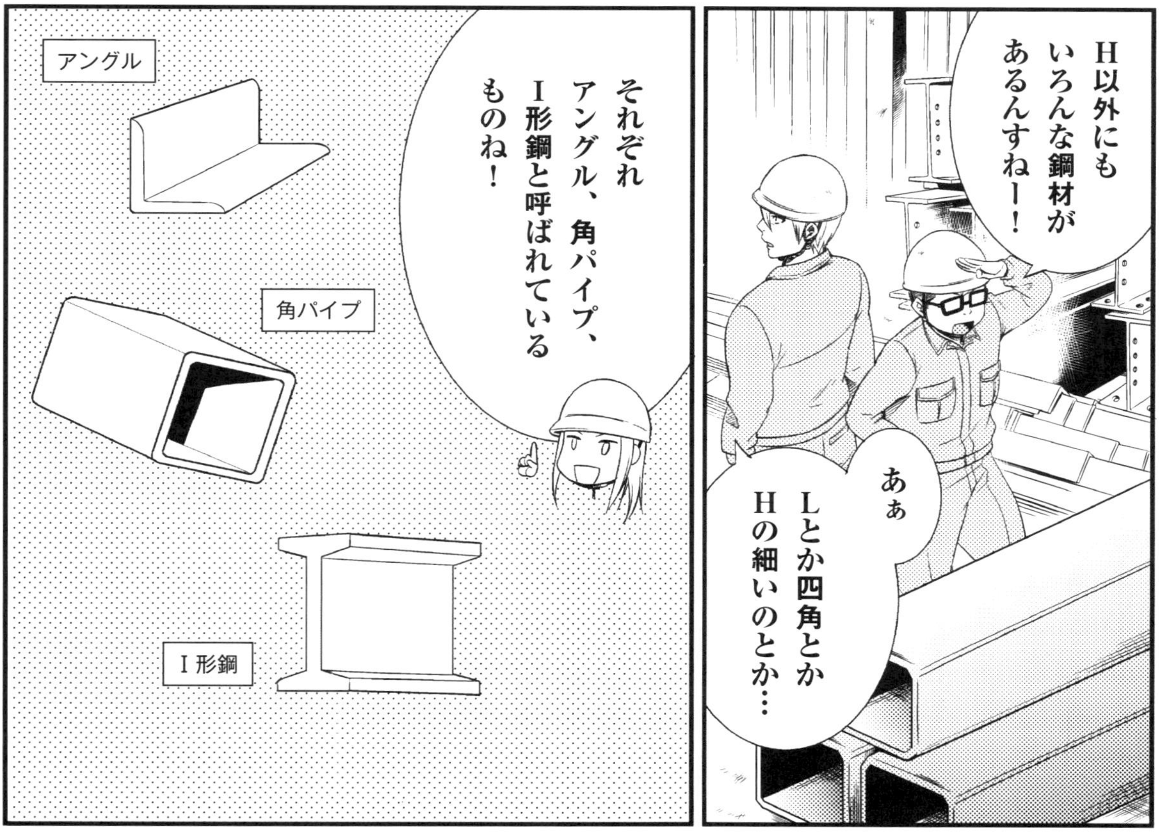
H以外にも いろんな鋼材が あるんすねー！
あぁ Lとか四角とか Hの細いのとか…
それぞれ アングル、角パイプ、I形鋼と呼ばれているものね！
アングル
角パイプ
I形鋼

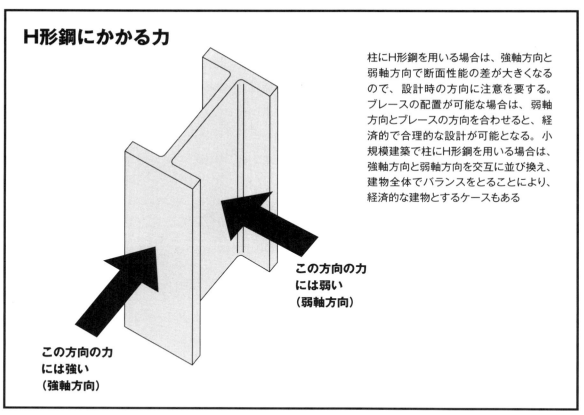

エッチに愛もあるなんて…
鉄骨ってイイもんですね
ポカッ
それから鋼材というのは…
カタチだけじゃなくて素材による違いもあるたとえば…
SS材と
SM材…
SM!?
ズガーン
SM材
ここにもSMがー!
鉄骨屋さんってもうエロすぎ…グフッ
はい!次いくよ!
SM材

形鋼の種類

H形鋼

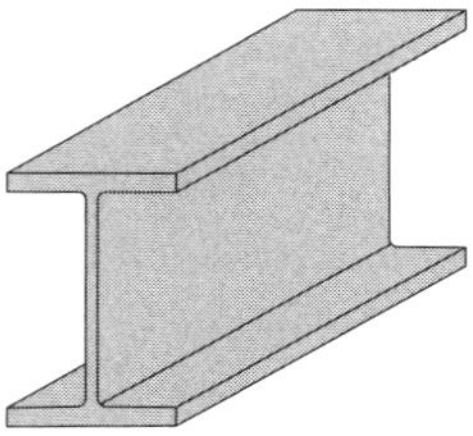

I形鋼

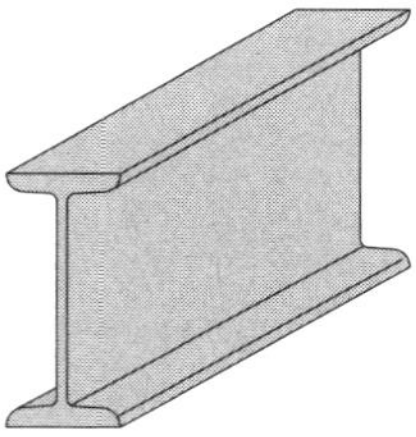

角形鋼管

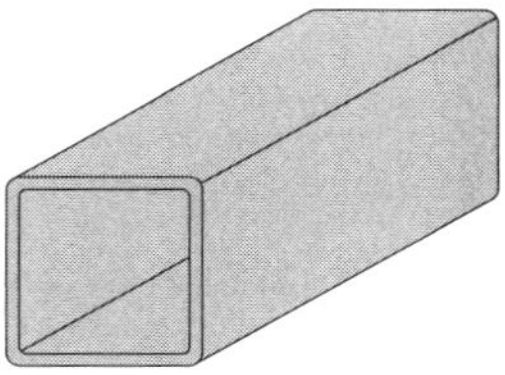

鋼管

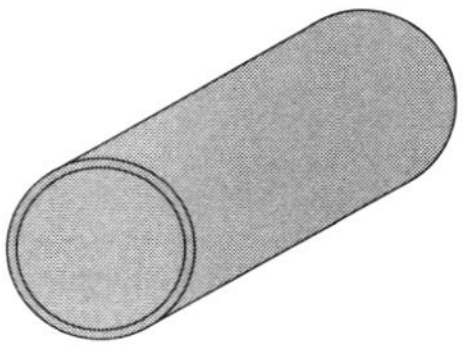

CT形鋼（カットティー）

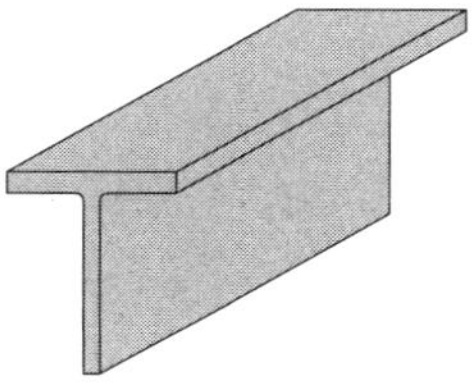

等辺山形鋼（アングル）

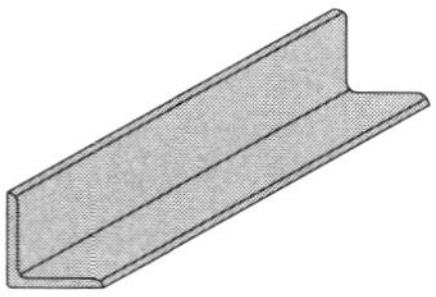

不等辺山形鋼

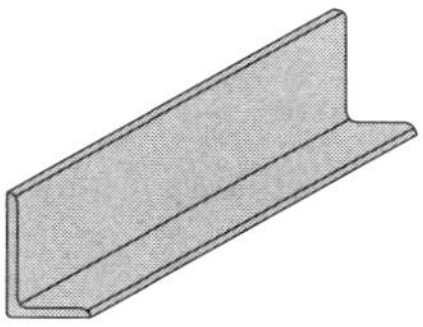

溝形鋼（チャンネル）

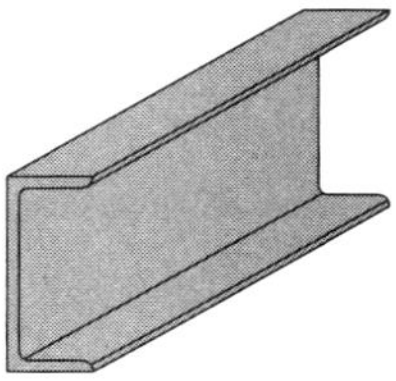

リップ溝形鋼
（C形鋼、Cチャン）

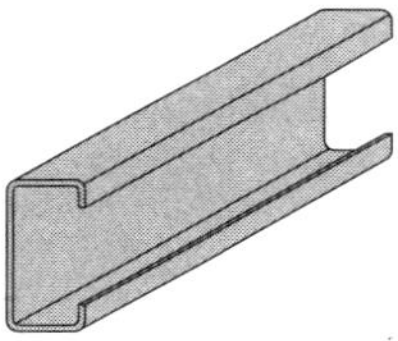

丸鋼

鉄骨の部材にはさまざまな断面形状のものがあります。これらを有効に組み合わせることで、合理的な架構が構築されていきます

SS材、SM材、SN材とは？

SS材

「SS400」が最も流通している材。小規模建築ならば二次部材だけでなく、大梁など仕口を溶接する部位にも使う

SM材

建築物の設計では強度がほしい場合に「SM490」を使う（近年では「SN490B」を使うことが増えている）

SN材

「SN400A」は小梁、「SN400B」「SN490B」は溶接仕口が絡む大梁、「SN490C」はダイヤプレートなど面外に引き裂くような力がかかる部位に使う

鉄骨の検査
ゾロ
ゾロ
それでこれがアーク溶接機
バチ
バチ
バチ
アーク溶接というのは電極間（鋼材の母材と溶接棒との間）に発生するアークの熱を利用して鉄どうしを溶接していく方法のことね
さまざまな種類の鋼材を適切な寸法に切断してそれらを溶接でくっつけていくのが鉄骨加工工場の大切な仕事の一つよ
へ〜っ
こんちはー キムラ技研です
探傷検査に来ましたー！

あら
ちょうどよかった
はーい！
みんなも
検査の様子を
見せてもらいなさい
うぃーーす
では
失礼して…
チャプ
スッ
スッ
これは鋼材どうしを
溶接した部位に
欠陥がないかどうかを
調べる検査で
「超音波探傷検査」と
呼ばれるものよ
こうやってすべての
溶接個所をなぞっていきながら
溶接に欠陥がないか
チェックしていくの
おっ！ なんか
聴診器あててる
みてえ

へぇー だから最初に水をつけて電気を通しやすくしたんすね！
あぁ、さっきつけたのは水じゃないわグリセリンよ
えぇ!? グリセリン塗ってなぞっていくんすかっ!?
スパァーン!!
もうアブノーマルすぎぃ…
あんたの頭ん中も探傷検査してやろーか!!
まぁ
まぁ
グリ
グリ
グリ
イタイ
イタイ…

鉄骨の検査

超音波探傷検査の様子（左）。被検査個所にグリセリンを塗ったあと探触子（右上）で溶接部分をなぞりながら欠陥の有無を調べる。結果は検査器本体の画面（右下）にグラフ状に表れる。

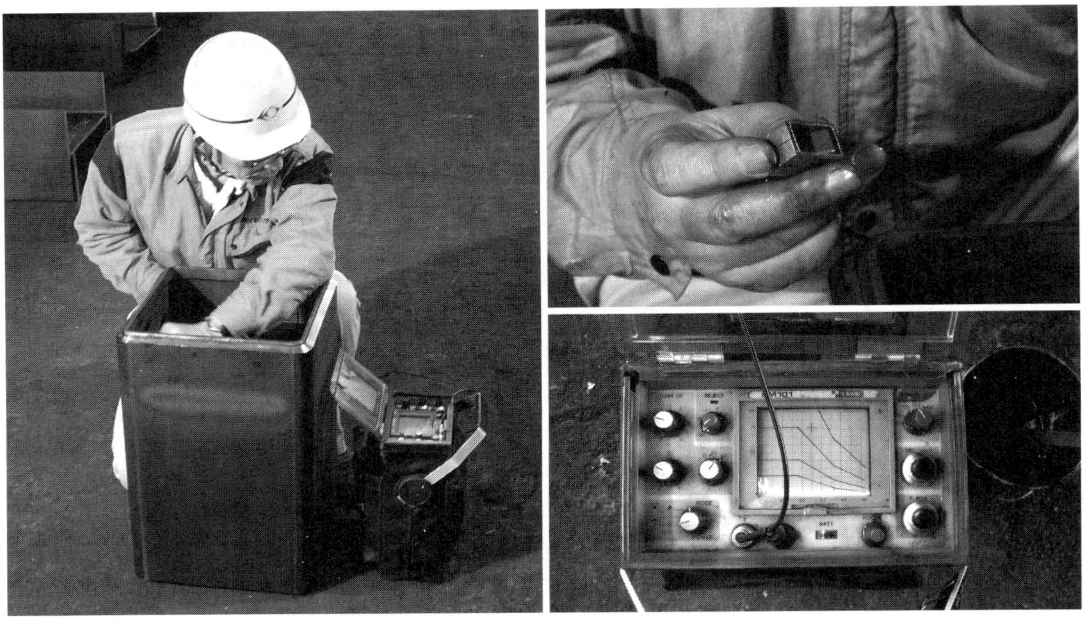

ビィィイイイ…
おお
おまえらちゃんと
説明聞いてるか
あ、
どうも…
今ここで
鉄骨の表面を
磨いてるとこ
見てたんすけど
ビィィイイイッ
鉄ってもともと
銀色なんすね
そうだよ
バイクの
エンジンだって
シルバーか
ガンメタだろ？
でも街で見かける
鉄骨って錆《さ》びてるか
錆色みたいなペンキ色
してるじゃないすか
あぁ、あれは
防錆《ぼうせい》用の塗装を
してるからだよ

ところで青年！
おまえはバイク
乗るのか！
ガシッ
えぇまぁ
中型っす
けど…
オレも
限定解除
持ってんだけど
最近はほとんど
乗ってなくてな…
あんな
ザマだよ
ボロ…
タコにはときどき
誘われるん
だけどな
ツーリングでも
どうかって
そういえば
タコっておまえらの
先公だったな
タコってあの
多古先生の
こと？
あの人
バイク乗れるん
すか？
はぁ!?
おまえら
タコのこと
知らねぇの!?
あいつの狂った走りは
オレら族仲間の間じゃ
「地獄蛸」って有名
だったんだぜ！
ゴゴゴ
地獄蛸
ほっほっほ
想像できねぇ…

コラコラッ いつまでも ムダ話してないのっ
これから 垣本さんに 防錆塗装を見せて もらうから こっちにいらっしゃい
防錆塗装
垣本さん
スッ
スッ
おー…っ
防錆塗装は 塗装する前にケレンといって 鉄骨表面の状態を 整えておく作業が すごく大事になるの
ビイイイン
塗装表面の下地を キチンとつくっておかないと 塗装が弱くなって 剥がれたりするからね
ものによっては ケレンだけじゃなくて ブラスト加工を することもあるわ
ブラストって… サンドブラストの ことっすか!?
そう! よく 知ってるじゃない
何すか それ?

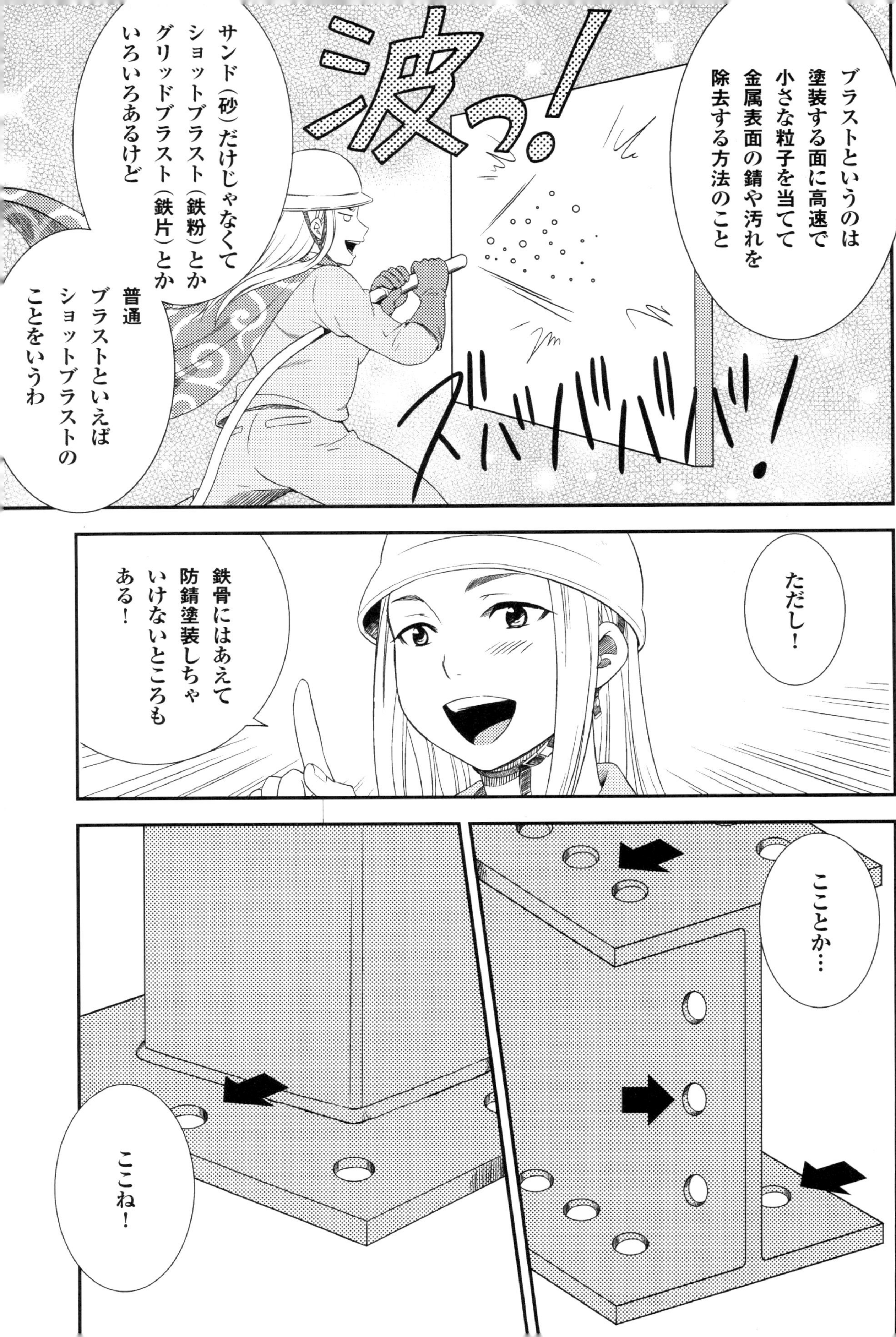
ブラストというのは塗装する面に高速で小さな粒子を当てて金属表面の錆や汚れを除去する方法のこと
波っ!
ズババババ!
サンド（砂）だけじゃなくてショットブラスト（鉄粉）とかグリッドブラスト（鉄片）とかいろいろあるけど
普通ブラストといえばショットブラストのことをいうわ
ただし!
鉄骨にはあえて防錆塗装しちゃいけないところもある!
ここととか…
ここね!

そこってボルトが入るところっすよね？
ここに塗装しなかったらボルトの周りが錆びるんじゃねーの？
塗装がついたままの鉄骨をボルトで締めつけると鉄どうしに十分な接合性能が発揮されないの
ボルト付近を塗装した場合
密着しづらい
ぴっちり密着！
ボルト付近を塗装しない場合
むしろ建方《たてかた》の日までにうっすら錆びが浮くくらいのほうがボルトの締まりがよくなっていいわ
もちろんものすごく錆びが浮いてちゃダメだけど…
ボ、ボルトの…締まり具合が…♥
もがっ
というわけで…

鉄骨加工工場では加工や溶接もそうだけど防錆塗装もとっても大事な作業になるの
ビイイイイ
そうだな！
特に建設地が海の近くだと塩害対策として塗装以上の耐食性能が求められることもある
そんなときはメッキ処理を施すこともあるぞ
スッ
スッ
ピカ
ピカ

こんなでっけぇ鉄骨にメッキなんてできんの？
どーーん
プールみてぇなでっかいメッキ槽があってよ
高温で溶かした亜鉛の中にこいつを漬け込むんだ

鉄骨を釜茹でにするなんて…怖すぎっすー！
人が落ちたら即死じゃないっすか！
わ～…
ぶる
ぶる
ぶる
ぐつぐつ
昔はずいぶん危険な作業だったみてぇだけど
最近は機械で管理してっからな
ありゃ何度見てもなんつーか興奮するな！
ドプッ
しみじみ…
ちなみにそういうメッキは鉄骨を「ドプッ」って漬けるからドブ漬けメッキといわれている
私にはチーズフォンデュとかチョコがけバナナに見えておいしそうだけどね♪
キャッ♡
めずらしく女のコっぽい発言
チョコがけバ…
それ以上しゃべったらあんたをドブ漬けにするよ

鉄骨の防錆塗装

ケレン（素地調整）

防錆塗装の前に、塗装面の下地から異物を取り除き、表面を整える

部材によってはブラスト加工を施す

ブラスト加工とは、塗装面に高速で小さな粒子を当て、錆などを除去すること

→ **防錆塗装**

鉄骨表面に皮膜をつくり、錆の原因となる空気や水分を遮断する

ただし、接合面の塗装は避ける

→ **メッキ処理**

鉄骨部材に高い耐久性が求められるときや、塩害が予想されるときに施す

一般的には溶融亜鉛メッキ（ドブ漬けメッキ）が利用される

第2話 仕口・継手・二次部材

設計は先の先まで読み切って

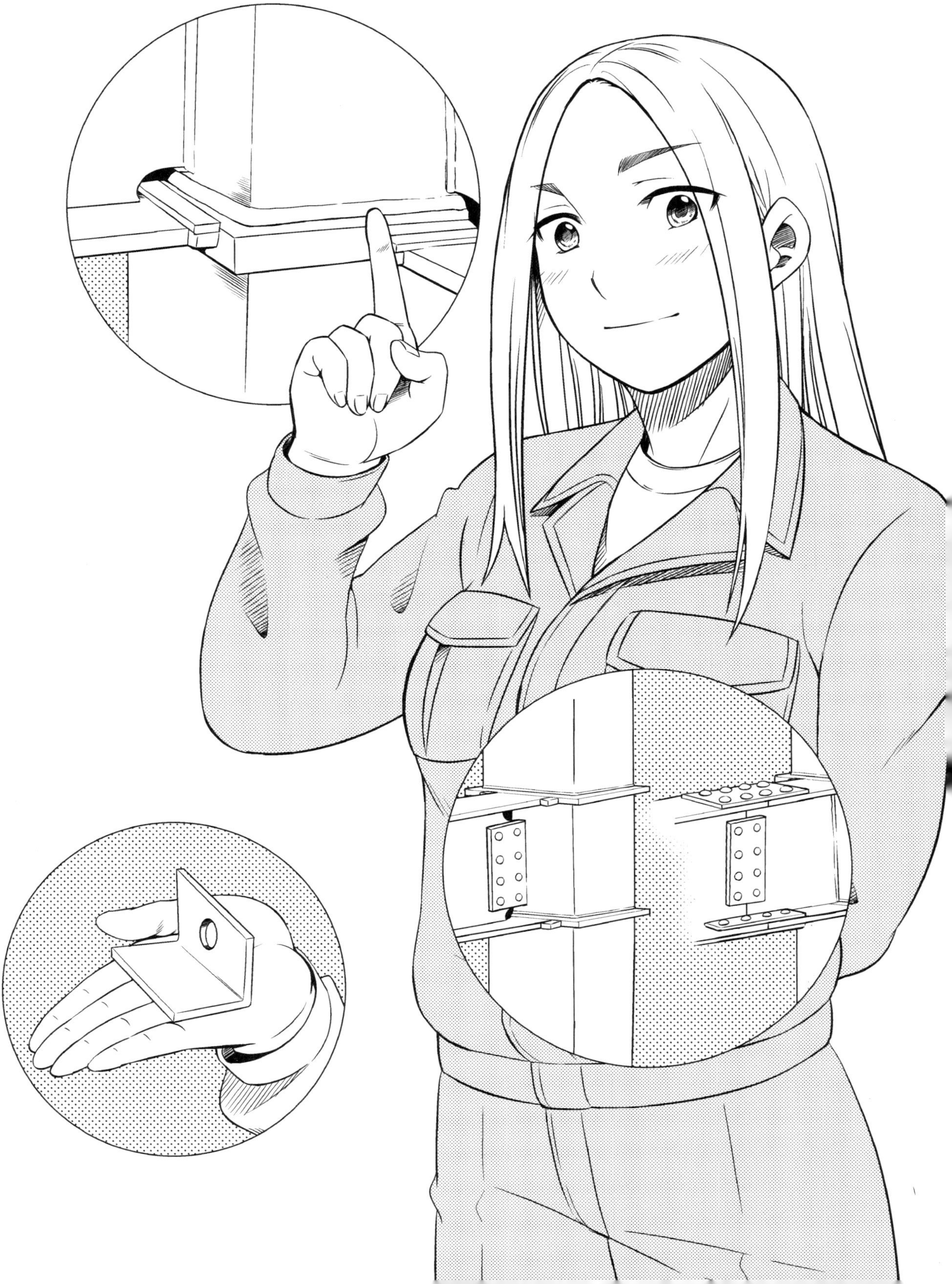

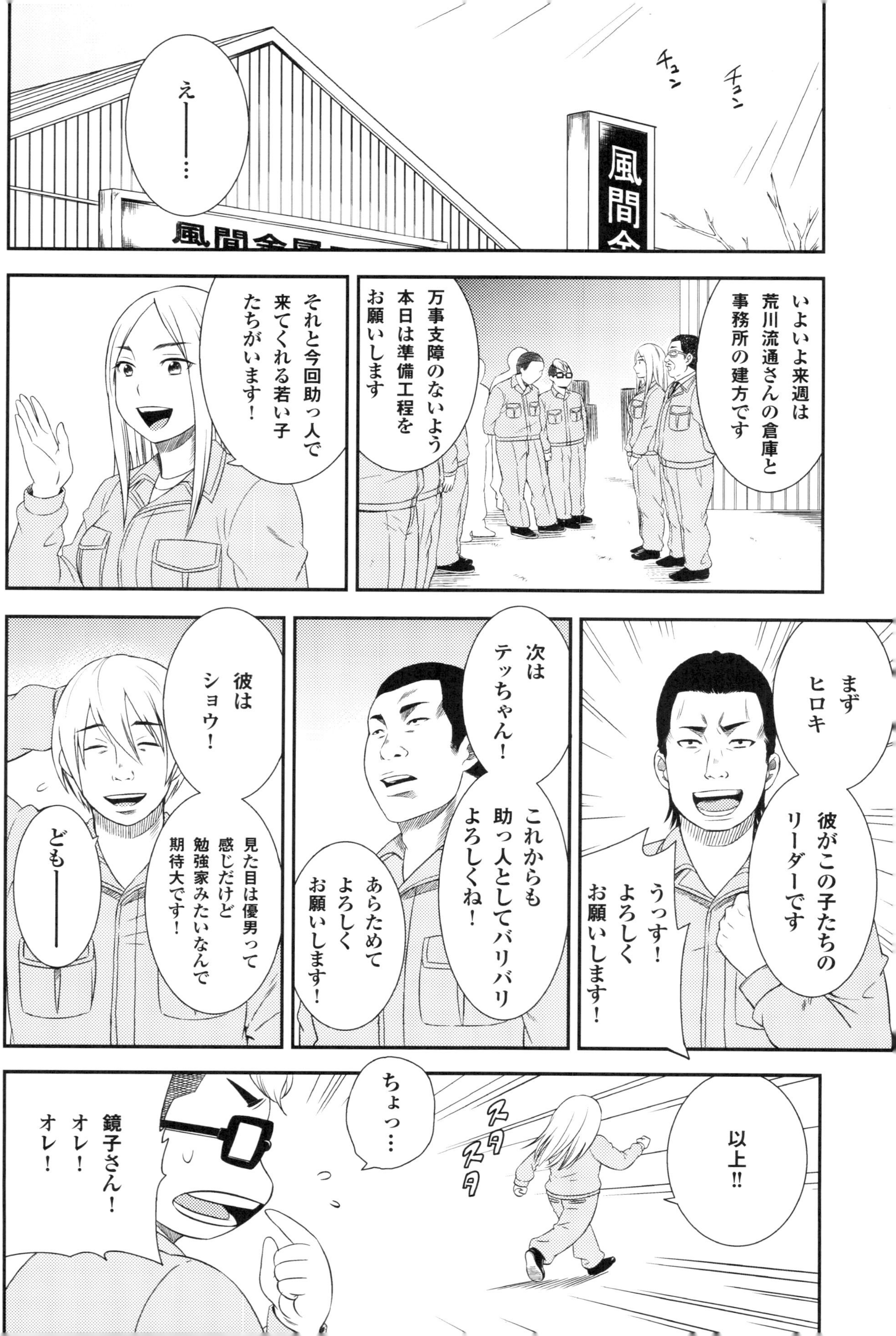

チュン
チュン
え———……
いよいよ来週は荒川流通さんの倉庫と事務所の建方です
万事支障のないよう本日は準備工程をお願いします
それと今回助っ人で来てくれる若い子たちがいます！
まずヒロキ
彼がこの子たちのリーダーです
うっす！よろしくお願いします！
次はテッちゃん！
これからも助っ人としてバリバリよろしくね！
あらためてよろしくお願いします！
彼はショウ！
見た目は優男って感じだけど勉強家みたいなんで期待大です！
ども———
以上!!
スタスタ
ちょっ…
鏡子さん！オレ！オレ！

ああ あんたも いたんだっけ…
ちっ
こいつは ケンジ！
変な勉強 ばっかしてるから 役に立つかどうか わかりませーん！
何言ってんすか 鏡子さん…
僕はこのバイトを 始めて以来…
鉄骨造の解説書を 3冊も読破 してるんですよ！
RC造・鉄骨造
へぇ… それは頼もしい わねぇ～
じゃあ 鉄骨の加工方法とか ずいぶん頭に入って るんじゃなくって？
もちろんっすよ 全部入ってます！
よし じゃあ テストしてあげる！
今日は ケンジ先生のご案内で 鉄骨各部の説明を 受けようじゃないの！

鉄骨造の基本構造（5層以下の場合）

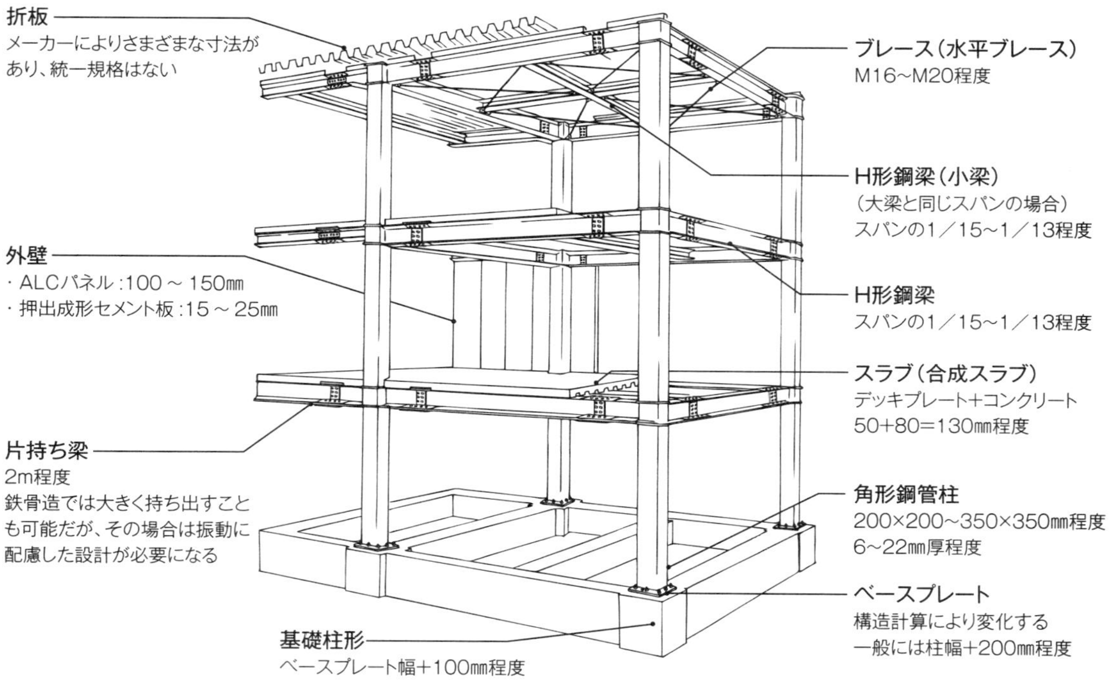

折板
メーカーによりさまざまな寸法があり、統一規格はない
ブレース（水平ブレース）
M16～M20程度
H形鋼梁（小梁）
（大梁と同じスパンの場合）
スパンの1／15～1／13程度
外壁
・ALCパネル：100～150㎜
・押出成形セメント板：15～25㎜
H形鋼梁
スパンの1／15～1／13程度
スラブ（合成スラブ）
デッキプレート＋コンクリート
50＋80＝130㎜程度
片持ち梁
2m程度
鉄骨造では大きく持ち出すことも可能だが、その場合は振動に配慮した設計が必要になる
角形鋼管柱
200×200～350×350㎜程度
6～22㎜厚程度
ベースプレート
構造計算により変化する
一般には柱幅＋200㎜程度
基礎柱形
ベースプレート幅＋100㎜程度

柱脚の仕組み
えーーっと
よくわかる鉄骨

柱脚の構成（露出柱脚の場合）

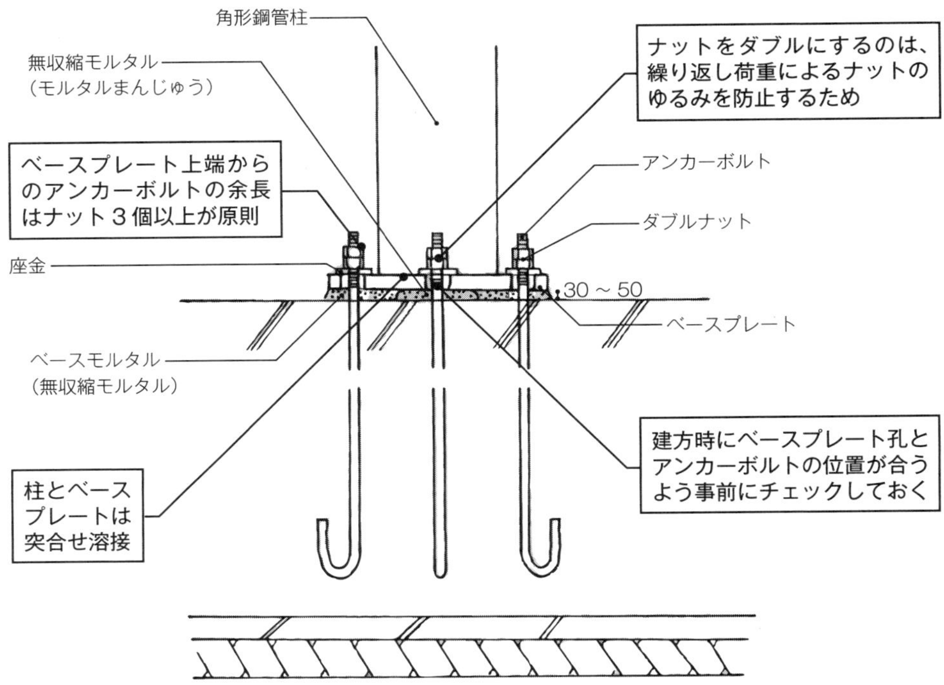

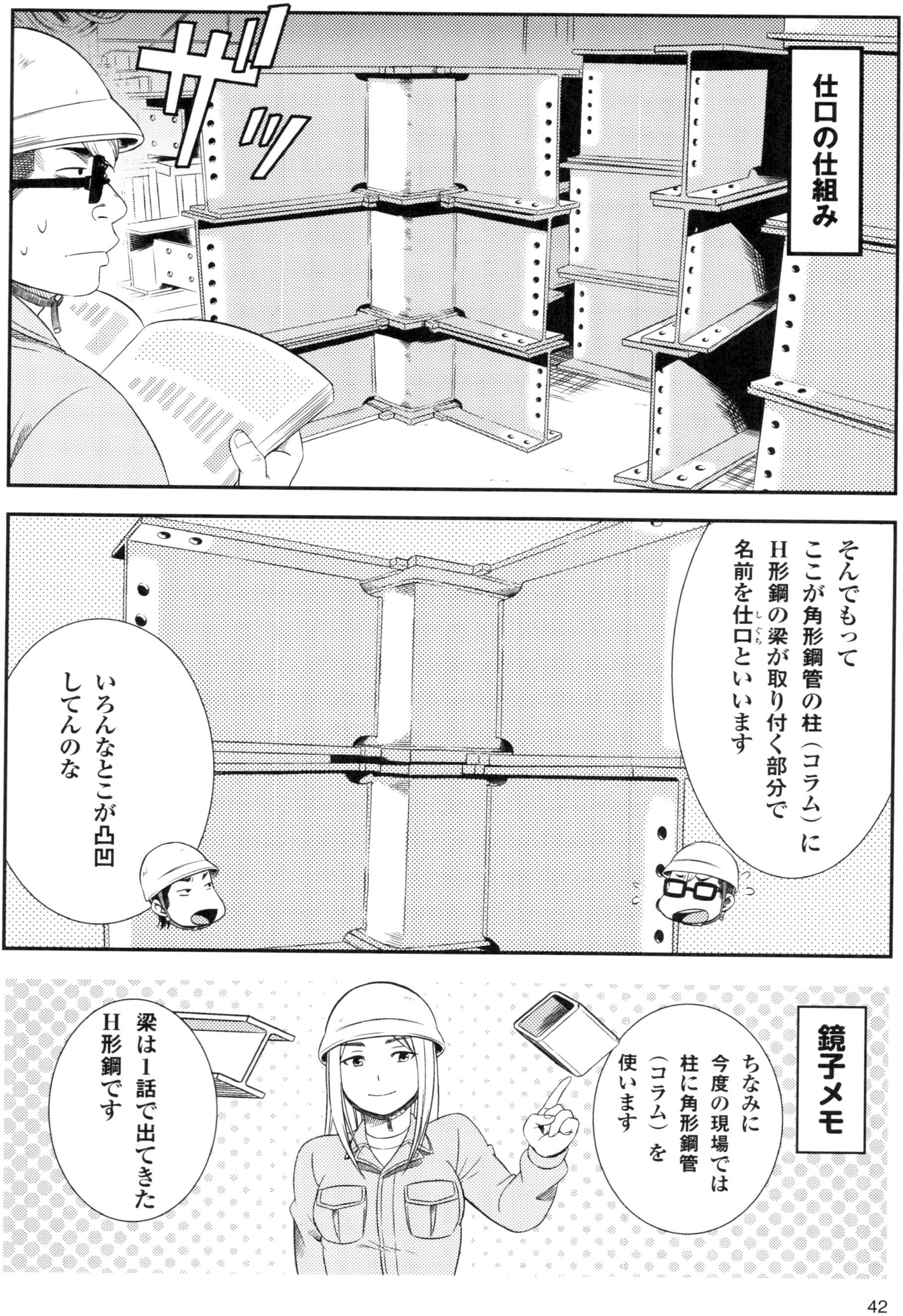
ザッ
仕口の仕組み
そんでもって
ここが角形鋼管の柱（コラム）に
H形鋼の梁が取り付く部分で
名前を仕口《しぐち》といいます
いろんなとこが凸凹
してんのな
鏡子メモ
ちなみに
今度の現場では
柱に角形鋼管
（コラム）を
使います
梁は1話で出てきた
H形鋼です

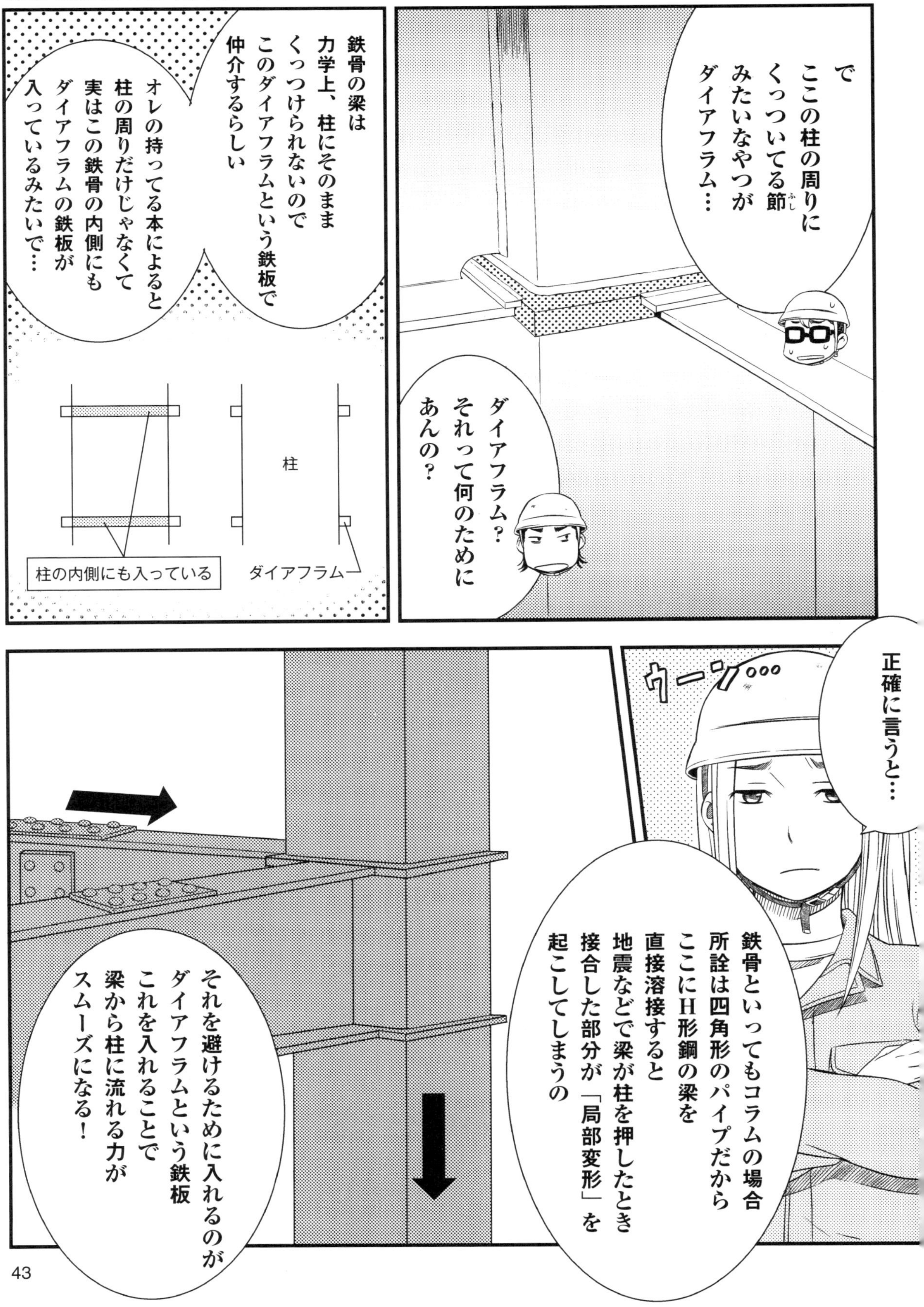
で
ここの柱の周りに
くっついてる節《ふし》
みたいなやつが
ダイアフラム…
ダイアフラム？
それって何のために
あんの？
鉄骨の梁は
力学上、柱にそのまま
くっつけられないので
このダイアフラムという鉄板で
仲介するらしい
オレの持ってる本によると
柱の周りだけじゃなくて
実はこの鉄骨の内側にも
ダイアフラムの鉄板が
入っているみたいで…
柱
柱の内側にも入っている
ダイアフラム
ウーン
正確に言うと…
鉄骨といってもコラムの場合
所詮は四角形のパイプだから
ここにH形鋼の梁を
直接溶接すると
地震などで梁が柱を押したとき
接合した部分が「局部変形」を
起こしてしまうの
それを避けるために入れるのが
ダイアフラムという鉄板
これを入れることで
梁から柱に流れる力が
スムーズになる！

ダイアフラムの役割

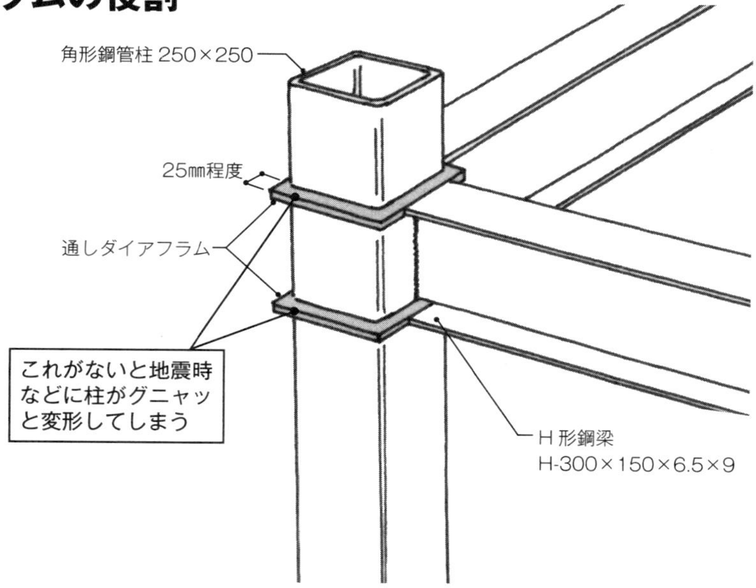

ダイアフラムの出寸法

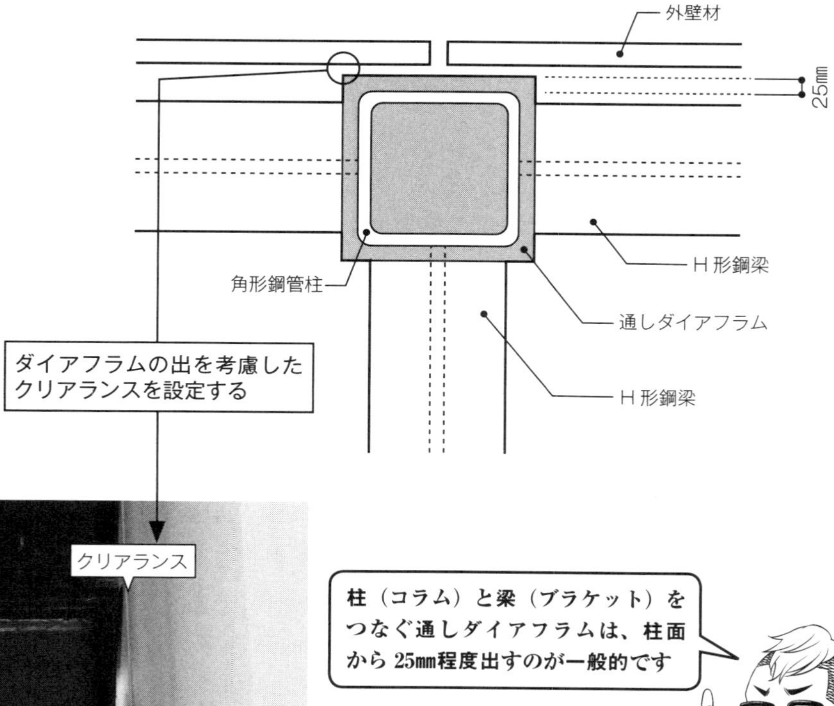

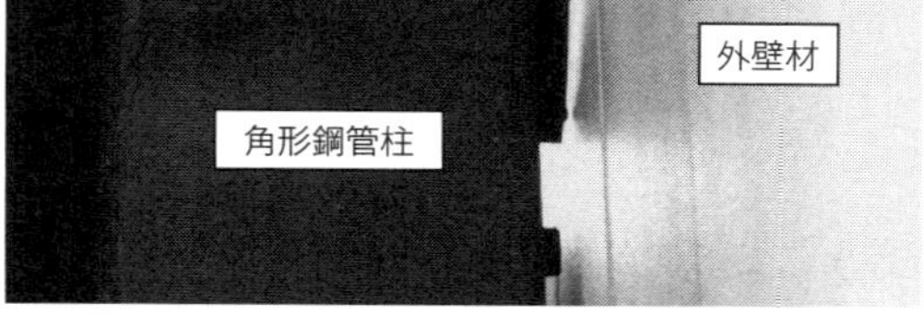

通しダイアフラムと外壁材（ALC パネル）とのクリアランス

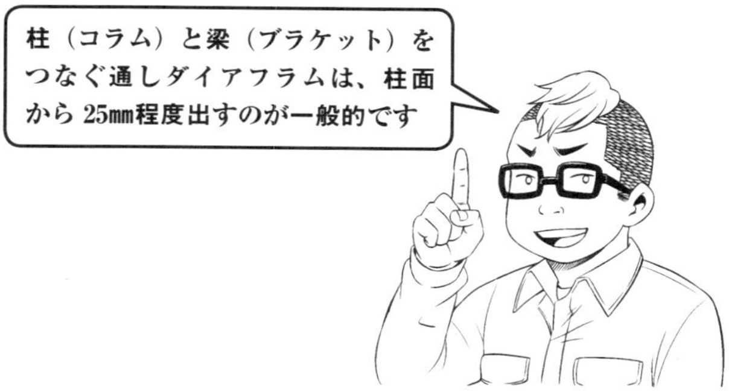

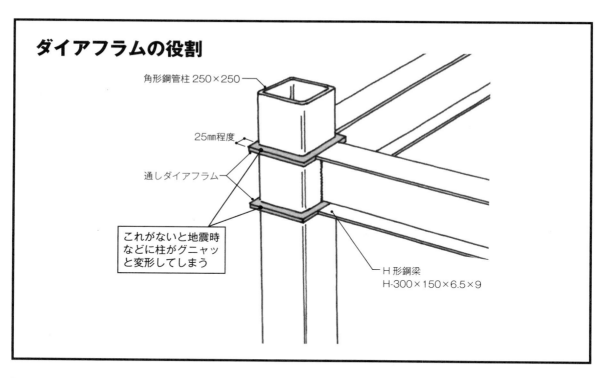

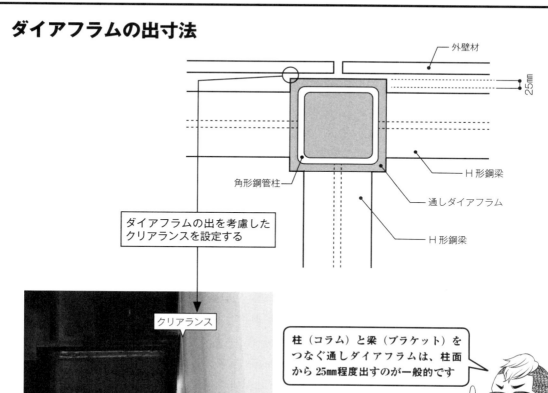

外側は溶接できるけど…
柱
ダイアフラム
内側はどうやって溶接する？
ダイアフラムが必要なのは分かったけど柱の内側の鉄板はどうやって溶接すんの？
ハハハ ダイアフラムは柱の内側と外側で別々に溶接してるわけじゃないの！
柱
そうそう 柱と柱をちょん切った間にダイアフラムを挟んで溶接するんすよね！
ダイアフラム
あら テッちゃん よく知ってるじゃない！
この前ハマさんが溶接してるとこ見てたもんで…
仕口は短くカットした柱の上下にダイアフラムを溶接してあらかじめ箱みたいなものをつくっておく
そう！これを通称「サイコロ」といいまーす！
…そうね 鉄骨の柱や梁というのは
すべてこの「サイコロ」を介してつながっていくわけ
どやぁ

ボルト接合と現場溶接
では
ケンジくん！
この仕口の根元に
くっついている
小さな鉄片
それと
その下にあいている
丸い切り欠きは何と
いうのかしら？
えっ⁉
鉄片と
切り欠きすか？
・・・
あせ
あせ
よくわかる
鉄骨
I

オレ知ってる
エンドタブと
スカラップでしょ
エンドタブ
スカラップ
あらショウくん
ずいぶん勉強してる
じゃない！
エライゾー
いやー
照れてる
照れてる
かわいい～
ワナワナ…
じゃあショウくん
ここに溶接してある
短い梁の
名前はなーんだ？
ブラケット
じゃないすか？
正解！
オレとは
大違いの
対応
あーココ
オレが鉄骨の中で
一番好きな
部分っすよ
ボルトが
ガシガシ打たれて
なんかメカっぽい
じゃないですかー
鏡子さーん！
こっちも
いいすか？

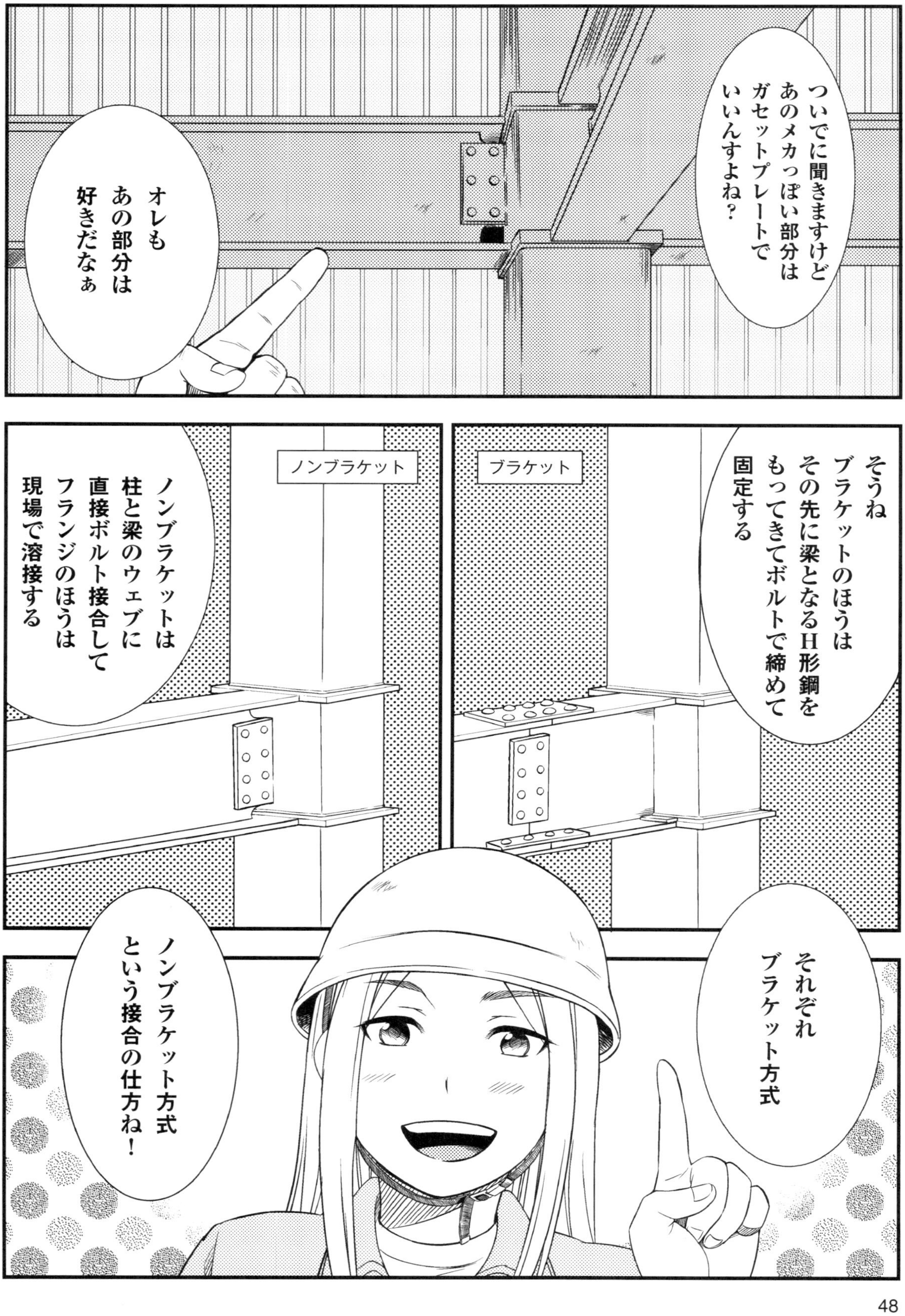
ついでに聞きますけどあのメカっぽい部分はガセットプレートでいいんすよね？
オレもあの部分は好きだなぁ
ブラケット
そうねブラケットのほうはその先に梁となるH形鋼をもってきてボルトで締めて固定する
ノンブラケット
ノンブラケットは柱と梁のウェブに直接ボルト接合してフランジのほうは現場で溶接する
それぞれブラケット方式
ノンブラケット方式という接合の仕方ね！

仕口の構成（通しダイアフラム・内ダイアフラムの場合）

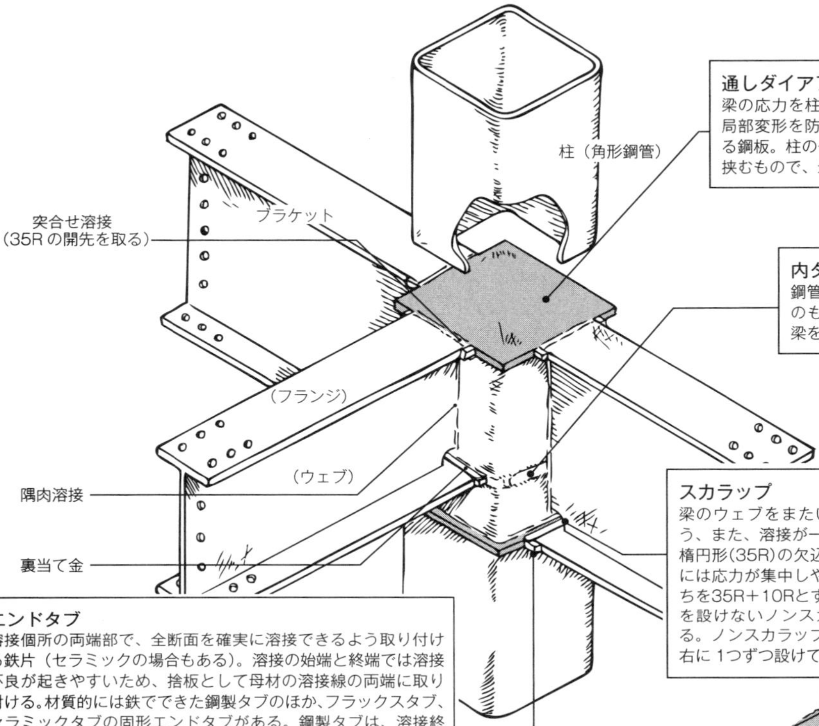

通しダイアフラム
梁の応力を柱やほかの梁に伝達したり、仕口の局部変形を防止するために柱の仕口に取り付ける鋼板。柱の一部を切断し2枚のダイアフラムを挟むもので、最も一般的な形式

内ダイアフラム（鋼管内部）
鋼管内にダイアフラムを溶接する形式のもので、1つの柱に梁せいの異なる梁を取り付ける際などに用いられる

スカラップ
梁のウェブをまたいで裏当て金を取り付けられるよう、また、溶接が一筋にできるようにウェブに設ける楕円形(35R)の欠込み。しかし、このような欠込み部には応力が集中しやすいため、現在では欠込みのかたちを35R＋10Rとする改良スカラップや、スカラップを設けないノンスカラップ工法が主流になりつつある。ノンスカラップの場合は、裏当て金はウェブの左右に1つずつ設けて溶接する

エンドタブ
溶接個所の両端部で、全断面を確実に溶接できるよう取り付ける鉄片（セラミックの場合もある）。溶接の始端と終端では溶接不良が起きやすいため、捨板として母材の溶接線の両端に取り付ける。材質的には鉄でできた鋼製タブのほか、フラックスタブ、セラミックタブの固形エンドタブがある。鋼製タブは、溶接終了後に切り落とすことを基本としているが、切り落としにより母材を傷つけないよう、溶接面の一部を残して切り落とさなければならない（仕上げなどに影響がなければ、残す場合もある）

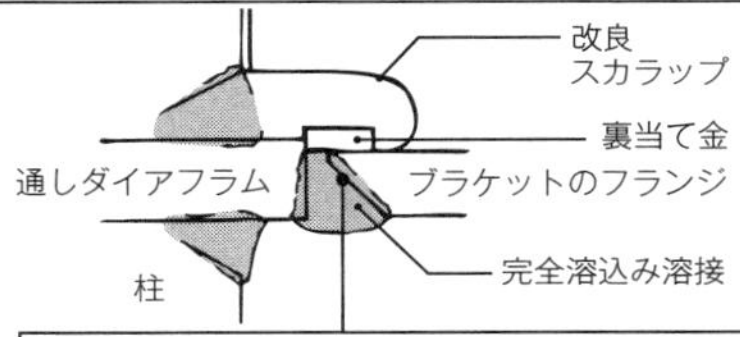

開先
一般的な開先角度は35度。開先角度が広すぎると溶着金属量が増えて溶接部の収縮量が多くなり、変形しようとする力も大きくなる。逆に狭すぎても十分に溶け込まなくなる

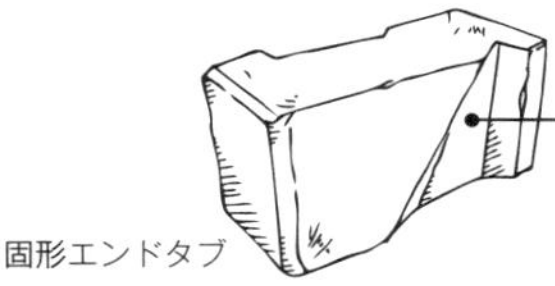

開先と同じ角度（35度）の欠込みが表裏にあるため2回使用できる

仕口の形式

①ブラケットタイプ

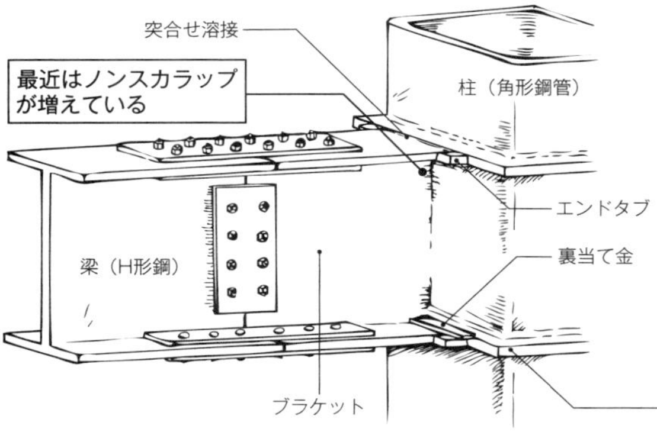

②ノンブラケットタイプ

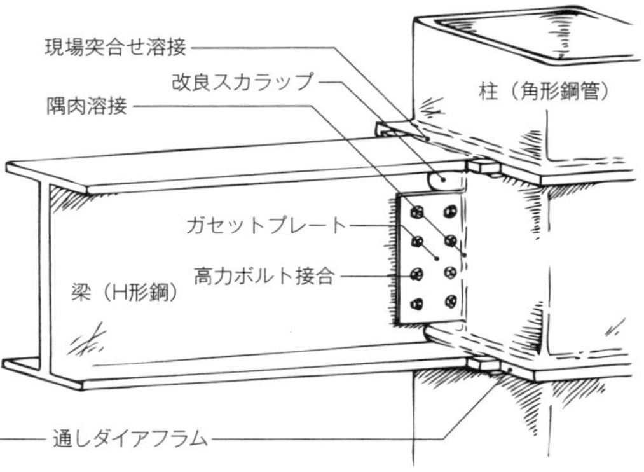

ノンブラケットの場合は、ウェブはガセットプレートを介してボルト接合し、フランジはダイアフラムに溶接する

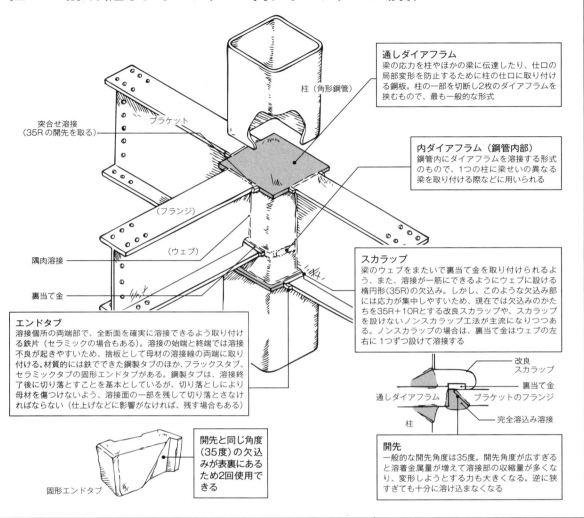

それにしても君たち
よく勉強してるじゃない
いつの間にか「鉄骨萌え」に
なってる
そんなこと
ないっすよ〜
いいえ！
鉄骨のボルトを見て
興奮するなんて
立派な鉄骨萌えよ！
鏡子さん
ウレシイー
じゃあ
リベット留めって
知ってる？
リベット？
リベットと呼ばれる
鉄の鋲《びょう》を孔に入れて
その場でかしめて
鉄骨どうしを固定する
方法のこと
リベット
ここをハンマーで叩きつぶす
しっかり固定！
リベットは
現場で熱を入れて
軟らかくしたものを
作業する職人に
直接手渡しするの
ええー
手渡し!?
この場合は
受取り缶を使っ
ています
昔は
地上で熱した高温のリベットを
上の階にいる職人に直接
投げて渡していたんだよ
へえ〜〜
まさに職人芸
って感じね!!

いまはリベット留め やんないんすか？
いまはやらないわね でも東京だと東京タワーや 隅田川の橋脚なんかが リベット留めでつくられて いる
そこに行けば リベットの頭が 鉄骨のプレートを挟んで ボコボコしているのが いつでも見られるわよー
みんなも 一度見に行って みるといいわ
うっとり…
きっと ボルト以上に 萌えるわ～
こうなったら 全員とことん鉄オタに してやるか
みんな！ 事務所についておいで！
う、うっす…
なんか テンション 高いな

みんなヘルメット外していいわよー
ここで打ち合わせなんかをしてるの
行動表
意外と狭いっすねー
あ。
おう鏡子！ちょうどよかった

ダッ
細野が現場に持って行くアングルピースが足りないって言ってんだ
えっ！足りない？細野また指示ミスなの？
いやっ…そんなことはないはずです図面にはきちんと表記してたんで…
なんかヘマしたみてえだな
バッ
ちょっと見せて！
！…やっぱり
細野さぁたしかにアングルピースの描き込みはしてあるけど…
で…ですよね…
ひっ！
ですよねじゃないわよ！

こんなに小さく入れてたんじゃ職人さんが見落とすでしょ！
ちゃんと気づいてもらえるように大きく○を入れとくか「※注意」って描いとくかそれくらいやらないと！
職人さんは高齢化が進んでみんな老眼なんだから…
社長なんか新聞読んでても本当は字が大きい見出ししか見えてないのよ！
ななな！
まだまだオレはちゃんと見えてるぞ！
でもちょうどいいわ細野
アングルピースだけじゃなくて鋼材に取り付く二次部材全般のチェック…
お勉強も兼ねてこの子たちにお願いしましょう
じゃ突然だけど説明をお願い
え！

ドン
うっ
じゃあ…みなさん工場のほうへご案内します
ゾロゾロ
ギン!
ええっと…
おどおど
ちょっとケンジ!人にものを教わろうってのにガン飛ばすわけ？

いや　オレ
真剣に聞こうと
思ってるだけっす
ギーン!
ガン飛ばすってのは
こんな感じで…
ゴオオ…
ふーん
上等じゃない
私に盾突こう
っていうの
オロ
オロ
いやいや
いまのは
たとえばの
話ですよー
それと細野!
あんたもあんたよ
いちおう西工大の
工学部出てるんでしょ?
ガッ
こいつらよりも
先輩なんだから
オドオドしてたら
ますますナメられるよ
しっかりしなさい!
ビクッ!
はっ　はいいいいい!

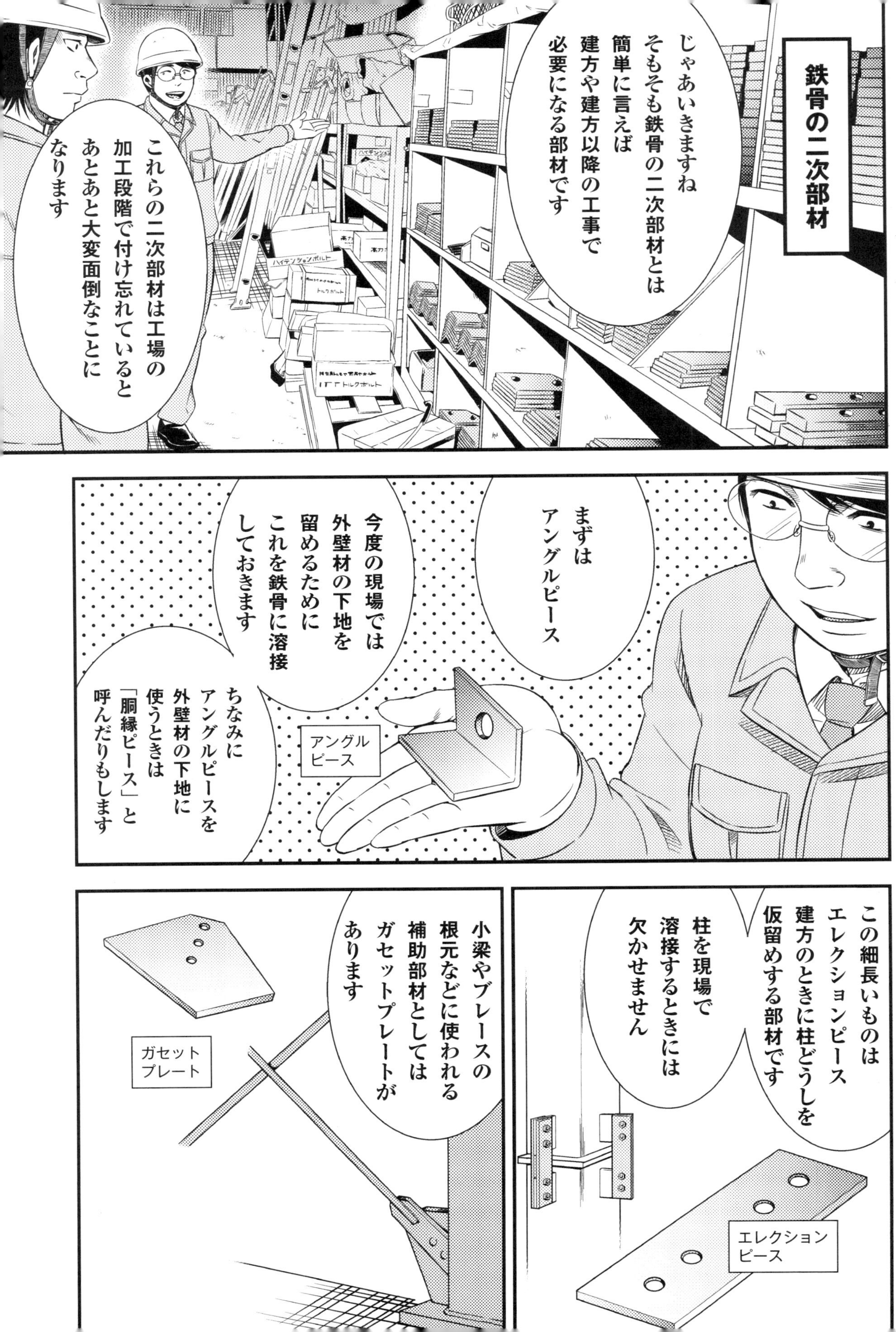

鉄骨の二次部材
じゃあいきますね そもそも鉄骨の二次部材とは 簡単に言えば 建方や建方以降の工事で 必要になる部材です
これらの二次部材は工場の 加工段階で付け忘れていると あとあと大変面倒なことに なります
まずは アングルピース
今度の現場では 外壁材の下地を 留めるために これを鉄骨に溶接 しておきます
ちなみに アングルピースを 外壁材の下地に 使うときは 「胴縁ピース」と 呼んだりもします
アングルピース
この細長いものは エレクションピース 建方のときに柱どうしを 仮留めする部材です
柱を現場で 溶接するときには 欠かせません
エレクションピース
小梁やブレースの 根元などに使われる 補助部材としては ガセットプレートが あります
ガセットプレート

あのちょっと質問なんすけど
そういう細かい部材は図面のほうにも描くもんなんすか？
そうですね描いておかないと忘れてしまいますし
さっき鏡子さんが言われたように描いていても見落とすことがあるので描き方には注意が必要です
でも胴縁ピースってのは外壁材のための部材でしょ？
外壁の工事会社があとから付けりゃいいんじゃねーの？
そ…そういう考え方もありますが…
そうなると建方が終わったあとに現場で溶接することになるので作業に危険が伴います
バチ
バチ
キケン！
それに寸法精度や溶接の品質という点でもあらかじめ工場で加工・溶接しておいたほうが断然有利なんです
現場の段取りがスムーズになるってことですか
そのとーり！

みんな話がだんだん専門的になってきたわね
そこのバカ面を除けば…
バ… バカ面!?
真面目な目したらガン飛ばしたって言われるし
普通に聞いてたらバカ面って言われるし鏡子さんヒド過ぎですよー
しくしく
しくしく
ゴメン言い過ぎたケンちゃんもがんばろーね!
おっし! つかんだぜ…
鏡子ちゃんツンデレと見せかけて実は母性本能のほうかよ
なんか変な想像してるな…こいつ
細野! 次いこう! 次!
この丸いのは梁の貫通孔の二次部材通称「ドーナツ」といいます
これも所定の位置に所定の大きさで取り付けて貫通孔に必要な強度を確保します
あの…補強するのはいいんだけどそもそも貫通孔って何のための孔なの?
梁にあける孔は給水管や排水管の通り道あるいは排気ダクトの通り道になります
ただ貫通孔の大きさは「梁せい」によってあけられる寸法に制限があるので注意しないといけません
へぇぇ

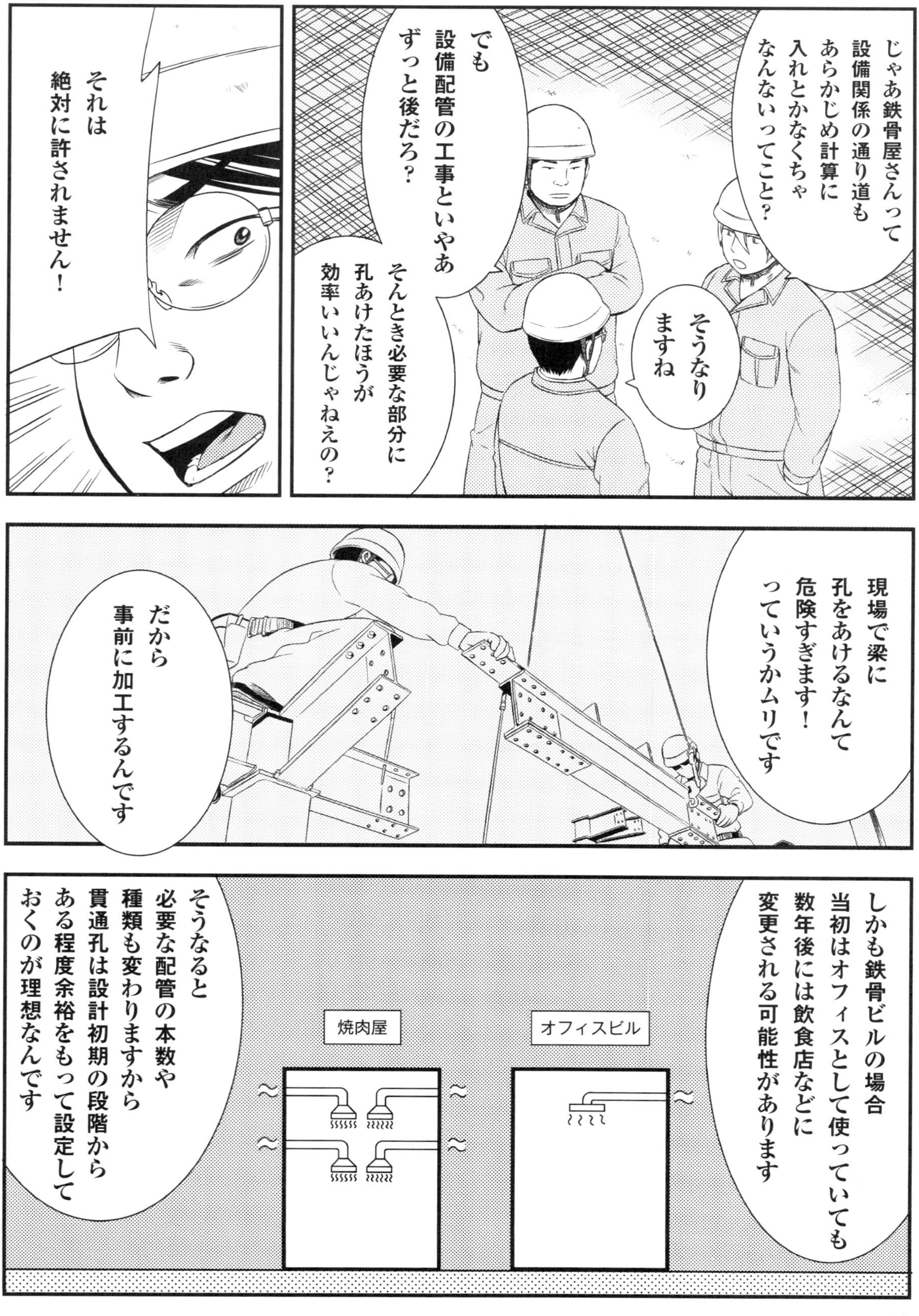
じゃあ鉄骨屋さんって設備関係の通り道もあらかじめ計算に入れとかなくちゃなんないってこと？
そうなりますね
でも設備配管の工事といやあずっと後だろ？
そんとき必要な部分に孔あけたほうが効率いいんじゃねえの？
それは絶対に許されません！
現場で梁に孔をあけるなんて危険すぎます！っていうかムリです
だから事前に加工するんです
しかも鉄骨ビルの場合当初はオフィスとして使っていても数年後には飲食店などに変更される可能性があります
オフィスビル
焼肉屋
そうなると必要な配管の本数や種類も変わりますから貫通孔は設計初期の段階からある程度余裕をもって設定しておくのが理想なんです

そうだな
鉄骨はただ組み上げれば
いいってもんじゃない
ドーン!
その後の工事の工程や
将来の用途変更まで
先の先まで見通して
おかねえといけねえ
社長!いつの間に!?
あと忘れちゃいけないのが
仮設の足場部材です
そうそう
鉄骨柱に足場用の
取り付け部材がないと
建方のときに上にあがれなく
なっちまうからな
へー…
いろいろ
大変なんすね
ははは…
まぁ
鉄骨加工図のおおもとになる
意匠設計と構造設計が現場の
ことをキチンと理解していれば
たいしたことないんですけど
鉄骨加工図や現場の動き方に
配慮せずに描かれた図面は
加工図の製作に一苦労なんて
ことがしょっちゅうです…
あっ!
それでかぁ～

いやさ よく行くバイク屋さん 壁のとこからちょこっとだけ 四角いプレートが 出てるんだけど
あれってダイアフラムが はみ出してたんだなぁって いま気づいた
おそらく意匠設計時に ミスったものを鉄骨屋さんが 鉄骨加工図を作成する時点で 指摘しなかったのね…
なんか 鉄骨加工の精度が その後のすべてを 決めちゃうって感じ ですね
だから 仕上げのラインまで 余裕のある設計なら 多少のミスはカバー できるけど
ハイテク感剥き出しの 鉄骨造の場合は 事前の計画が すっごく大変になるの
オレはだんぜん 鉄骨剥き出し派! そのほうがいさぎよくて かっこいいじゃん!
はいはい そうですね …
ところで キミ自身は 剥き出せてんの かなー?
!
な?
な
なっ
き、鏡子さん それケンジには 禁句っす…
ん? 剥き出しのガッツがほしいって 言ったつもり なんだけど
わあああ〜

鉄骨加工図の製作
そういえば細野さん さっき「設計が現場のことをキチンと理解していれば…」とかなんとか言ってましたよね？
はい まぁ…
設計図って そんなに適当な もんなんですか？
3000？
1490？
2250？
いや 適当というわけじゃなくて 設計図にもいろんなレベルがあるってことです
レベル？
たとえば 建物の間取りとか 高さを決めるのは たいてい100分の1の 図面です
(埋戻)
F1 (P1)
FG1
FV1
FS1
F2 (P2)
C2
でも それくらいのスケールだと さっき説明した鉄骨の二次部材（プレート類）までは 詰められません
100分の1ってことは 1メートルが 1センチなわけだから…
う〜ん…
たしかに 二次部材まで 描くのは しんどいっすね

それに建物の構造を決めるための構造設計は柱や梁などの物理的強度を検討するのがメインです
（４）基礎接合部の補強
組み立てに必要な部材に関してはたいてい未検討なわけで…
100分の1の図面には描けない、構造設計でも検討しない…
じゃあ鉄骨造のリアルな設計っつうのは誰がやってんすか？
クイッ
そうか細野さんか！
ククク…
ゴゴゴ
アンちゃんようやく気づいたようだねぇ…
!?
そーうなのだよ！鉄骨造におけるリアルな部材ごとの融合！ 溶接！ そして！ 高力ボルト継手のメカニカルな仕上がり表現の出来！
それはそれはふふふ！最終的には私が描く鉄骨加工図が決めるのだよ！高校生！
だ、だったら最初からそこまで理解してる設計者か細野さんみたいな人が設計すればいいじゃないですか？
バカモーン！

鉄骨加工図前の設計など私に言わせれば設計ではなーい！
いわゆる意匠設計なんてやれ間取りがどうした採光がどうした法律による高さ制限がどうしたと鉄骨のメタルアーマーな世界とはほど遠い！
しょせんは女子供の下世話な話に過ぎんのだぁー！
その点 鉄はウソをつかない！原子番号26 元素記号Fe
キラ
キラ
キラ
紀元前二千年頃から人類の発展に寄与してきた誇り高き崇高な金属！
ビクッ
それこそが鉄！
鉄という素材の真実なのだキミぃ！
元は一枚の分厚い鉄板それをレーザーで切り出しチェーンブロックで運び
私がダイアフラムになれと指示すればきちんとそのとおりに形状を変える！
私はねぇ…何より鉄を愛しているんだ小さなプレートでも感じる物質としての厚み20㎜厚を越えてくるともう鉄板というより金属の塊だ
それをまた溶接するときの醍醐味ときたら…もううううぅ…

ポカッ
!
コラッ！ 細野！ また一人で鉄愛モードに入って…
そんなことばっか言ってるからいつまで経っても彼女ができないんだよ！
す… すいません
キキー
ガタッ
風間金属工業
風間金
ジャリ…
おう 鏡子はん！
ワハハハハ
世の中不景気やゆうのにえらい威勢よろしおまんなぁ～
淀川!?
なに他人の勝手に工場に入って来てるんですか!?
まぁそんなイキりたたんと…

今日は このボロ工場…
ニヤ
淀川鋼業社長 淀川
いやいや！ 鏡子はんの工場のために ありえへんエエ話 もってきたんでっせ～！
こちら 鹿林建設の 大沢部長はん
どうも
そして 構造設計部の 速水はんに…
ヨロシク！
今回 江戸川アートタウンの 設計をされている 新進気鋭の若手建築家 駒建造《こまけんぞう》先生や！
うふふ♪
ものども 頭が高い！ 控えおろうー！
カッカッカッ
ど
や
ちょ… ちょっと淀川さん 勝手に自己紹介 されても 困るんですけど…

「江戸川アートタウン」いうたら 鏡子はんかて 知ってるやろ？
このへんの商圏に 一大インパクトを与える 巨大プロジェクトや！
江戸川アートタウン
(想像図)
edo
その センタービルの鉄骨加工の 下請けにおたくらを 使うたろって話やがな！
はあっ？
そんな話 私は何も 聞いてませーん！
いやいや あんたが知らんでも 社長は知っとるがな
ニヤニヤ
わしの親切心を 踏みにじる 気ぃかいな～
ん？
ぐぬぬ…
なんや さっきからえらい 目つき悪い チンピラ工員さん おって怖いなぁー
はっ？
おい ヤンのかこるぁ！
待って！
ブチッ

こちらは 淀川鋼業さん
ヒソヒソ…
最近 ここらで伸びている 鉄骨加工工場なんです
うちも ときどき仕事を もらってるんだ
ザザッ
いやー これはこれは
視察にいらっしゃるのは 来週じゃなかった ですか？
風間社長はん！
いやぁ～ 鹿林の部長さんが 依頼するなら早めに 見とったほうがええと おっしゃって 区役所の打ち合わせの 帰りにウチまで お寄りくださったんや
ゴソゴソ
スッ
はじめまして 鹿林の大沢です
ピッ
いやー ちょっと手が 汚れてますので いま名刺を 持って参ります
じゃあ 私が代わりに いただいて おきましょう
ギン！
私 風間金属工業の 工場長を務めております 風間鏡子と申します 以後 お見知り置きを

カッカッ
カッ
風間さんとこのじゃじゃ馬ですわ
へぇ こちらは女性の管理者さんなんだ 最近はこの業界も女性の進出が進んでますもんね
女性らしいきめ細やかな加工が得意なのかな？
そういえば江戸川水上公園内の金属オブジェはここでつくったのよね？
はい そうですが…
あんな三次元加工系ができる最先端の工場ならいいかなって思ってたんだけど…
ボロ
ちょっとびっくりしちゃったわ～
あれね！私も風間さんとこで大丈夫かな思うてたんです！
…
私らもだいぶフォローさせられたんですわ～
あら！デザイナーさんって工場のことには興味ないと思ってましたけど？
よぉくご存じでいらっしゃいますね

まだどちらにお願いするか決まってないのですが
一応このあたりの鉄骨工場は見させていただいてるんです
…
おたくはずいぶん年季の入った機械を使ってらっしゃるみたいですな
これで難しい受注をこなしているとは…職人さんの技術なのかお嬢さんの独特な営業なのか…
まぁ両方ちゃいます？こんなボロ工場の看板下げて
うちのとこの系列に入ったらええって アドバイスしとるんですけど
カカカ
な なんだと…
社長 さっきから娘さんすでに自分とこで受注できる気ぃなって えらい馬力入ってますけど…
鉄骨加工工場の選定は鹿林さんがこれからいろいろ見はって決めはるところやからね
それはそうでしょう もし私どもでお役に立てそうでしたらよろしくお願いします
お父さん！

!
キョロ
キョロ
これ レーザーカット？
ええ そこそこまでしか 切れませんが
うちは芸術家さん からの相談で オブジェとか彫刻の 依頼もけっこう あるもので
大沢さん いいんじゃないのぉ？ こういうレトロ系な工場で 加工っていうのも
地場産業に貢献系って マスコミも好きだと 思うわよん♪
キャッ キャッ
駒先生独特の ハイテクと ローテク
地域ネットワーク による デザインメソッド の融合ですかな
う〜ん ちょっと そういうのとは 違うんだけど…
女性の工場長が 一生懸命切り盛りする工場に ボクがあえて出入りする？ みたいな感じ！
密着！
廃業寸前の女工場長の元に 新進気鋭の建築家が やってきた！
以前留学してた イタリアのミラノや トリノっぽいじゃない ものづくりを支援系？ みたいな…

ウフ♡
こんな工場にボクが出入りしてるのをテレビクルーに取材させたらちょっと絵になる系かなって思ったの～♪
なんなのこいつ…
モヤ モヤ
はっきりと古いって言やぁいいじゃない
レトロ？いけすかない設計屋ね！
う～ん さすが建築家の先生は言わはることが高尚でんなぁ～！
こんなボロ工場からでも世界を見据えてらっしゃる！
ブチィ
さっきから黙って聞いてりゃ人の工場をボロだとかレトロだとか抜かして偉そうに！
テメーらの仕事なんて誰が請けるか！
鏡子！よさんか！

…ほう
わざわざ
視察にいらした
鹿林さんに後足で砂を
かけるようなこと
言わはるんでっか？
ま…
まあまあ
ここは一つ
穏便に…
砂をかけるどころか
サンドブラストで
そのバカ面
ケレンしてやるよ!!
ピク
わしの顔のせいに
されても
困りまんがな…
ほな
この仕事
あんたらじゃなく
江戸川工業に
もっていきまっせ
ああそうかい！
こんなクソ仕事
江戸川工業にこそ
お似合いだよ!!
淀川さん
話にならんな
ここは…
あー
そーでっか
ほなさいなら!!

第3話 柱脚・建方・ブレース

段取りと精度が命

せっかく
エエ話もってきて
やったのに…
…
でも
このへんの
加工状況を見る限り
私は非常にいいと
思いますよ！
え？
鹿林さん淀川さん
娘が失礼なことを
申しまして
大変申し訳
ございません
ただ…
私ら仕事には
自信がありますので
ぜひご再考を…
もう
遅いわい‼
…といっても
どやろ？
速水さんも
そうおっしゃってはるし
江戸川さんとこでも
風間さんとこでも
私らはどちらでも
ええんや

ま こちらの工場長さんは 江戸川さんとこと 競い合う自信までは ないみたいやけどな
…自信がない？
仕事なら こっちのほうが できるに 決まってんでしょ!!
せやったら どやろ大沢さん？ 江戸川さんとこと こちらとで 駒先生の考えておられる 鉄骨のイメージ…
一部モックアップを 試作してもろて 出来のよかったほうに 依頼するいうんは
ま 淀川さんがそう おっしゃるなら…
ちょっと 待ってください！ そんなこと 急に言われても…
うちも年内に 収めなきゃならん 仕事がありますし…
試作品を製作 だなんて…
何ゆうて ますのん！
ニヤ

さっきから
こっち睨んどる
ガラの悪そうな若い子ら
4人もおるやんか！
ええ!?
なるほどー
工場の若い子が
どこまで出来るか見れば
その工場の教育状況も
分かりますしね
ほな
そういうことで
よろしおまっか？
いい
アイデアですよ！
淀川さん
そんな！
一方的に
決めないでよ！
それに
この子たちは
まだうちに
来て…
フッ
オレら
やりますよ！
な？
あぁ上等だぜ
ここまで鏡子さん
コケにされちゃ
黙ってらんねぇ！
そうだ！
オレたちの鏡子さん
いや工場が
負けるわけねえべ！
社長は
どうなんです？
オレらにまかせて
いいんすか？

ま　いいだろう
おまえらなら
出来る！
ニヤッ
あわわわ…
お父さんまで
…
よっしゃ
決まった！
ほな
来月
うちの工場で
製作勝負して
もらいまっせ!!
そうや
鏡子はん
もしあんたらが
負けたら…
うちの
系列化の話
呑んでもらい
まっせ！
へっ!?

それと
これとは
話が別でしょ！
ブオオォ
風間金属工業
ふんっ
調子に
乗りやがって
さぁ
仕事に
戻るぞ！
うーっす！
ちくしょー！
勝手なことばっか
言いやがって
からにぃーー！
ムキ～
遅いっスよ…
はー
弱ったな…
鏡子さん！
オレらじゃ
勝てないと
思ってるんすか!?

そうですよ！オレらを見くびってもらっちゃ困りますよ
オレ ま、ま、負けないっす 解説書なら いっぱい読破して ますし
で 社長 オレら一カ月で イケますかね？
みんな…
ひと月でものになるかどうかは分からんが…とりあえず明日から荒川流通さんの現場だ いまはそれに気合入れてけ！ 話はそれからだ！
うっす！
あと細野！ これから一カ月間 こいつらに付いて 教えてやってくれ！
ははははい！
江戸川工業の若手つったって 去年まではおまえらと同じ 高校生なんだからな！
負けんじゃねーぞ！
うっーす!!
風間金属工業

ジャリ…
ドルンッ
おーっす
ずいぶんはえ～なヤル気満々？
ドッドッ
ドッドッ
うっせーな現場がウチから近いだけだよ
それより夕べ寝らんなくてよ…
それはオレもだよ
適当なバイトのつもりだったんだけどなー
ブゥウゥウン
あら今日は墨出しとアンカーセットだから遅めでいいって言ったのに
殊勝な心掛けじゃないあんたたち！

だいぶ
ヤル気になってる
みたいだな
うっす!
あれ? 一人
足りないいんじゃなくって?
ケンジ?
あいつここんとこ
夜中まで勉強
してっからなー
鉄骨の?
だといいけど
墨出しの手順
なんです?
この道具
こりゃ
墨つぼっていう
線を引く道具だ
墨つぼ
まあ
見てな!
ピーーー
すげぇ!
これで
まっすぐ線が
引けんのか!!
バチッ

X0
Y0
おしっ心墨《しんずみ》はイケたからこっから手分けしよう
この墨が狂うと今後の作業が全部ダメになっちゃうから大事な工程なんです
じゃヒロキオレと組んでやってみるか!
心墨の両サイドに基礎梁の幅分を出すぞ!
うっす!
通り心
基礎の梁形
じゃあ私たちは柱脚の位置を出そう!
了解!
柱脚の柱心
ふー…
だいたいイケたみたいね

ん？
コツ
コツ
なっなんだよー今日は遅めでいいって言ってたじゃんなんでみんな仲良く作業してんだよー？
あらら？熱心に見学してる子がいるわねぇー
ギク
ケンジ！さっさと人数分の飲み物買ってきなさーい！
はっはいいいい
みんな早く来てるって知らなくて…
ありがとー
いいっていいって！
どうだ？墨出し面白れぇだろ？
ハイッ
オレが地面に描いた線がゆくゆくはでっかい建物になってくのかと思うと感動っすねー！
でもここで墨間違えちゃったらどうなるんすか？
絶対に間違わねえ！
キッパリ

墨は両側からも追い出して誤差を修正していく
最近はレーザーもあることだし精度はミリ単位だ絶対に間違いっこねぇ
レーザー墨出し器
それにしても原寸大のレベルでミリ単位の精度って恐ろしいっすね
そりゃ工場の鉄骨加工寸法がミリ単位であがってくるんだ
今日はうちのエースハマさんも現場来るからな
ここだけいい加減にするわけにゃいかねえだろ！
ところでアンカーフレームはいま出したこの芯に合わせて設置するんですよね？
さっすがーケンジくん！今日の作業目標はアンカーフレームの設置までよ！
いやぁ…
テレ テレ
毎晩勉強してるだけのことはあるわね！

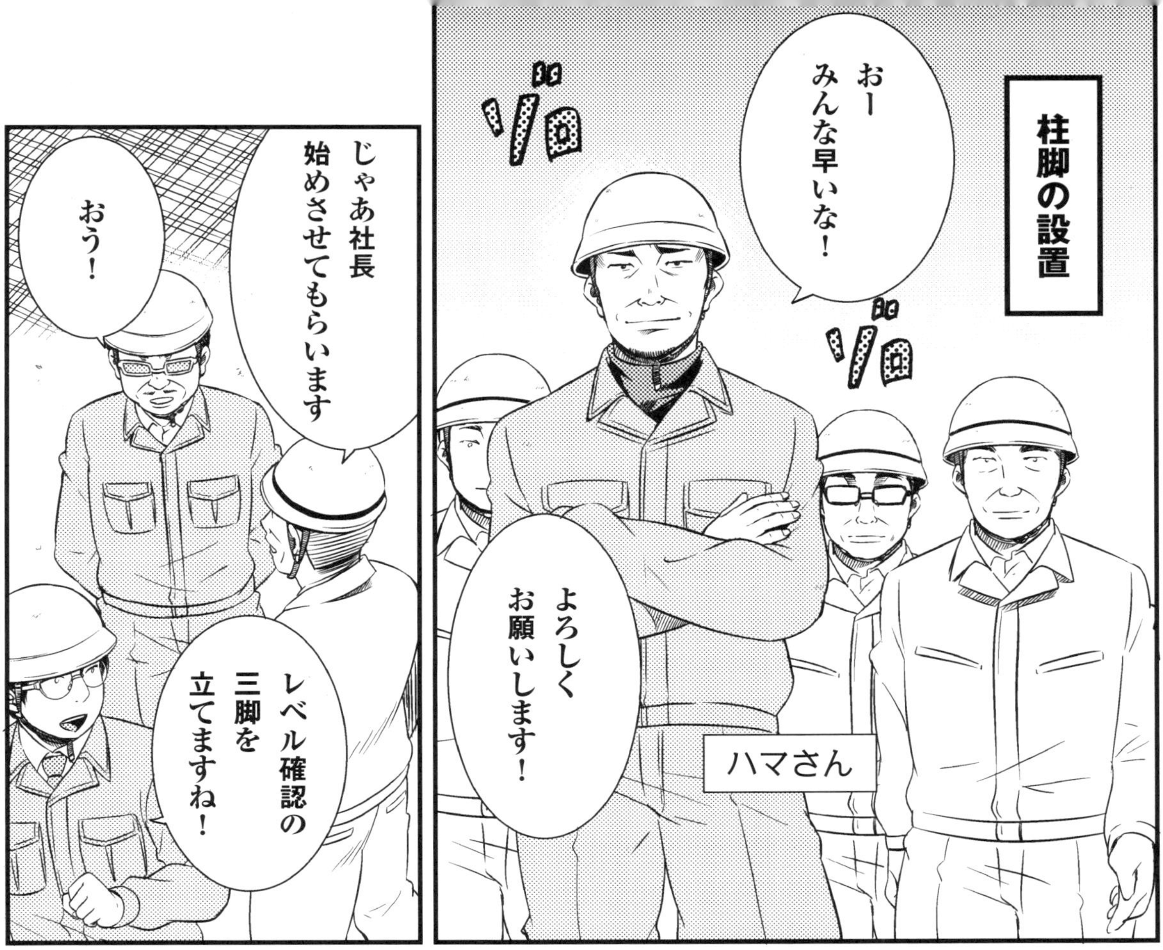

アンカーボルトの据え付け方法例

①鋼製フレームによる固定方式

アンカーフレームが動かないように固定するため、捨てコンクリートにボルトをセットするか、プレート溶接用の鉄筋を埋めておく

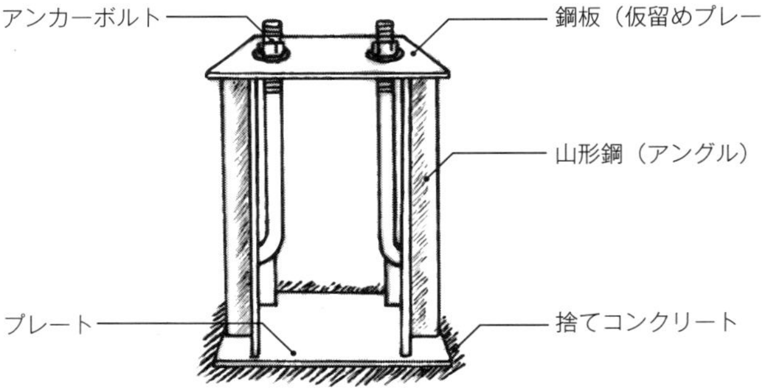

②木製型枠による固定方式

コンパネや桟木にボルト孔をあけて差し込み、ピアノ線などを用いてアンカーボルトが動かないように固定する

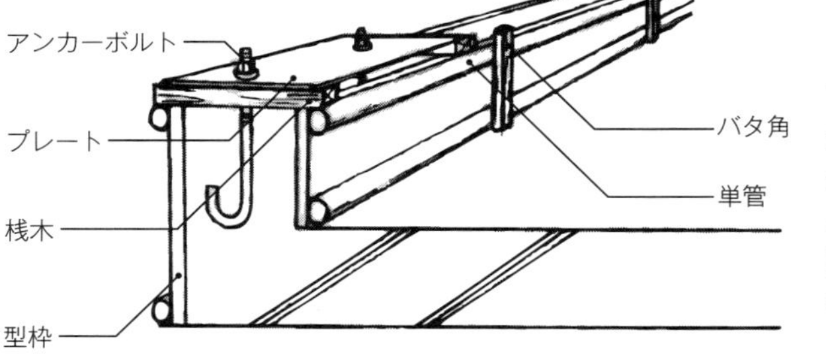

アンカーボルトの設置方法は、構造部位の重要性、応力の大小、配筋の混み具合、要求される精度などを考慮して決定する

まずはフレームベースを設置します
このフレームを基礎の中に埋めるってとこが大事なの！
え？この四角いのが建物の基礎になんの？
はいケンジくん説明をどうぞ！
正確にはあとでこのフレームに固定されるアンカーボルトが鉄骨の根元を基礎に強力に引き付ける役割を担います
そもそも鉄骨造の柱脚にはいくつか種類がありまして…
それ知ってる埋込みに根巻きに露出でしょ？
その通り！埋込み柱脚とは鉄骨の根元を基礎コンクリートの内部に埋め込んでしまう柱脚をいいます
柱
基礎コンクリート
分かった！この現場は鏡子さんがフレームをコンクリに埋め込むって言ってたから埋込み柱脚だろ
それが違うんです！
なんでだよ？埋め込むんじゃねーのかよ？

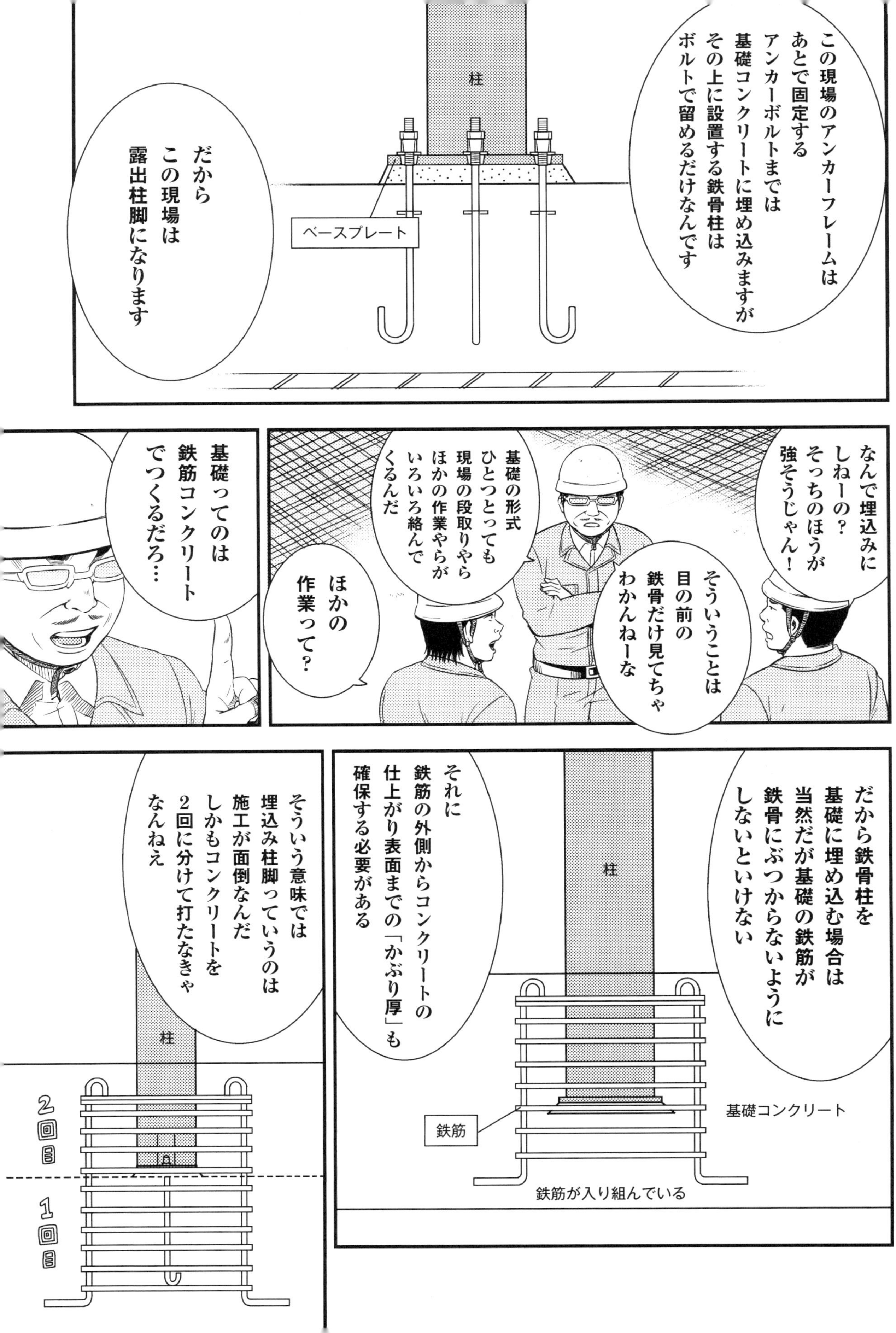
この現場のアンカーフレームはあとで固定するアンカーボルトまでは基礎コンクリートに埋め込みますがその上に設置する鉄骨柱はボルトで留めるだけなんです
柱
ベースプレート
だからこの現場は露出柱脚になります
なんで埋込みにしねーの？そっちのほうが強そうじゃん！
そういうことは目の前の鉄骨だけ見てちゃわかんねーな
基礎の形式ひとつとっても現場の段取りやらほかの作業やらがいろいろ絡んでくるんだ
ほかの作業って？
基礎ってのは鉄筋コンクリートでつくるだろ…
だから鉄骨柱を基礎に埋め込む場合は当然だが基礎の鉄筋が鉄骨にぶつからないようにしないといけない
それに鉄筋の外側からコンクリートの仕上がり表面までの「かぶり厚」も確保する必要がある
柱
基礎コンクリート
鉄筋
鉄筋が入り組んでいる
そういう意味では埋込み柱脚っていうのは施工が面倒なんだしかもコンクリートを2回に分けて打たなきゃなんねえ
柱
2回目
1回目

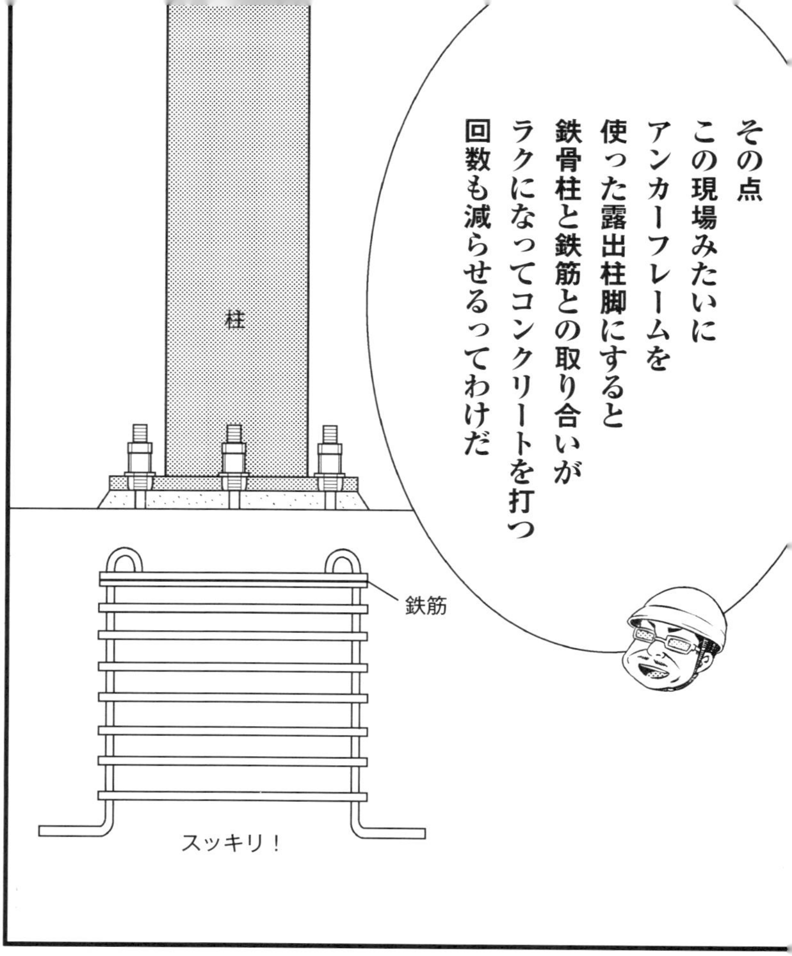

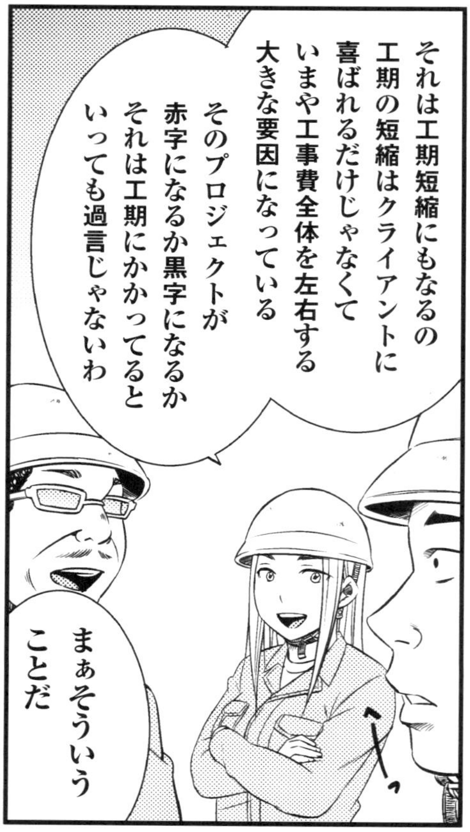

露出柱脚の既製品（ベースパック／旭化成建材）

既製品の露出柱脚は建方の精度を確保しやすい。また、「製作もの」の柱脚に比べて基礎コンクリートとの定着性がよいため、基礎の根切り深さを浅くできるメリットもある

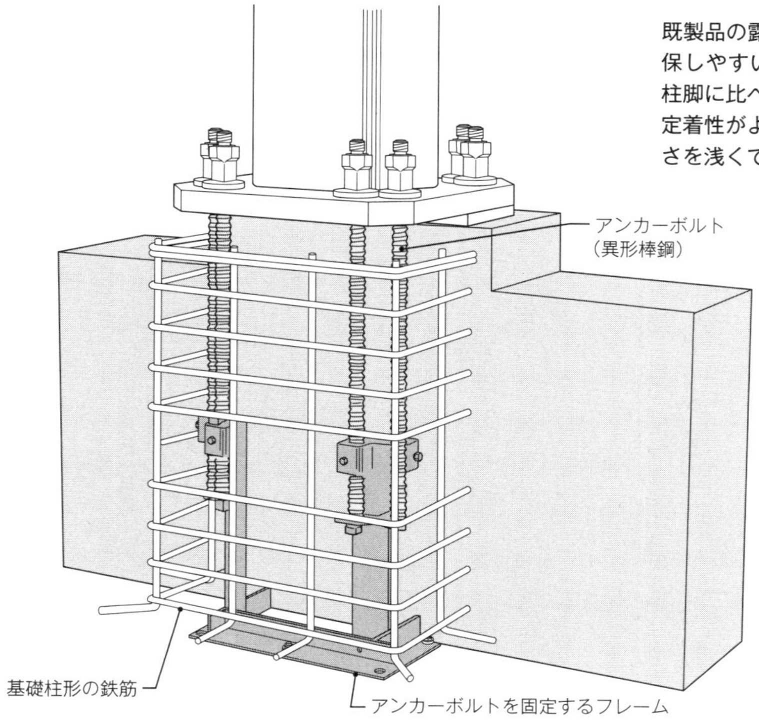

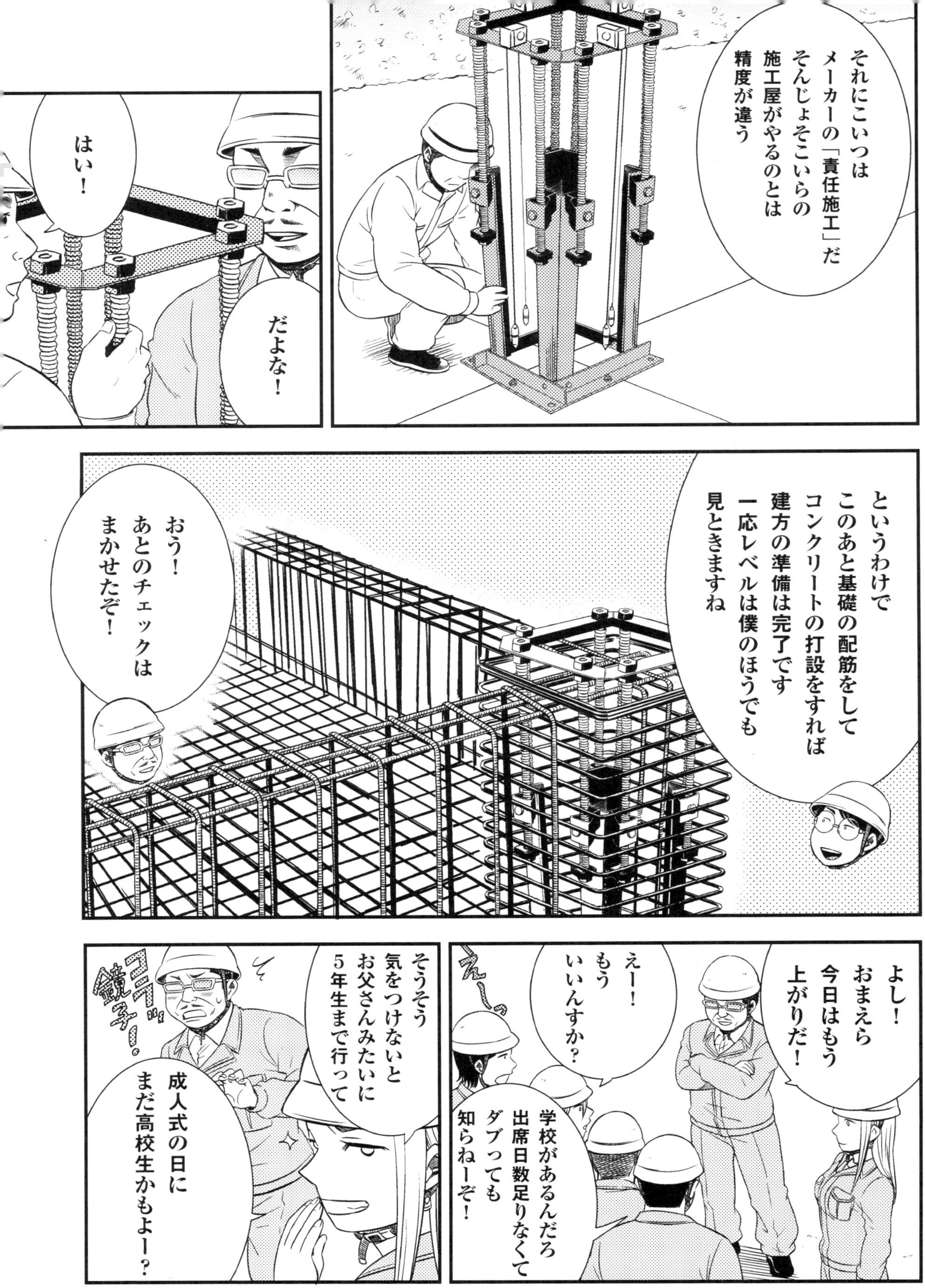
それにこいつは
メーカーの「責任施工」だ
そんじょそこいらの
施工屋がやるのとは
精度が違う
はい!
だよな!
というわけで
このあと基礎の配筋をして
コンクリートの打設をすれば
建方の準備は完了です
一応レベルは僕のほうでも
見ときますね
おう!
あとのチェックは
まかせたぞ!
よし!
おまえら
今日はもう
上がりだ!
えー!
もう
いいんすか?
学校があるんだろ
出席日数足りなくて
ダブっても
知らねーぞ!
そうそう
気をつけないと
お父さんみたいに
5年生まで行って
成人式の日に
まだ高校生かもよー?

露出柱脚の納まりと注意点（柱サイズが200㎜の場合）

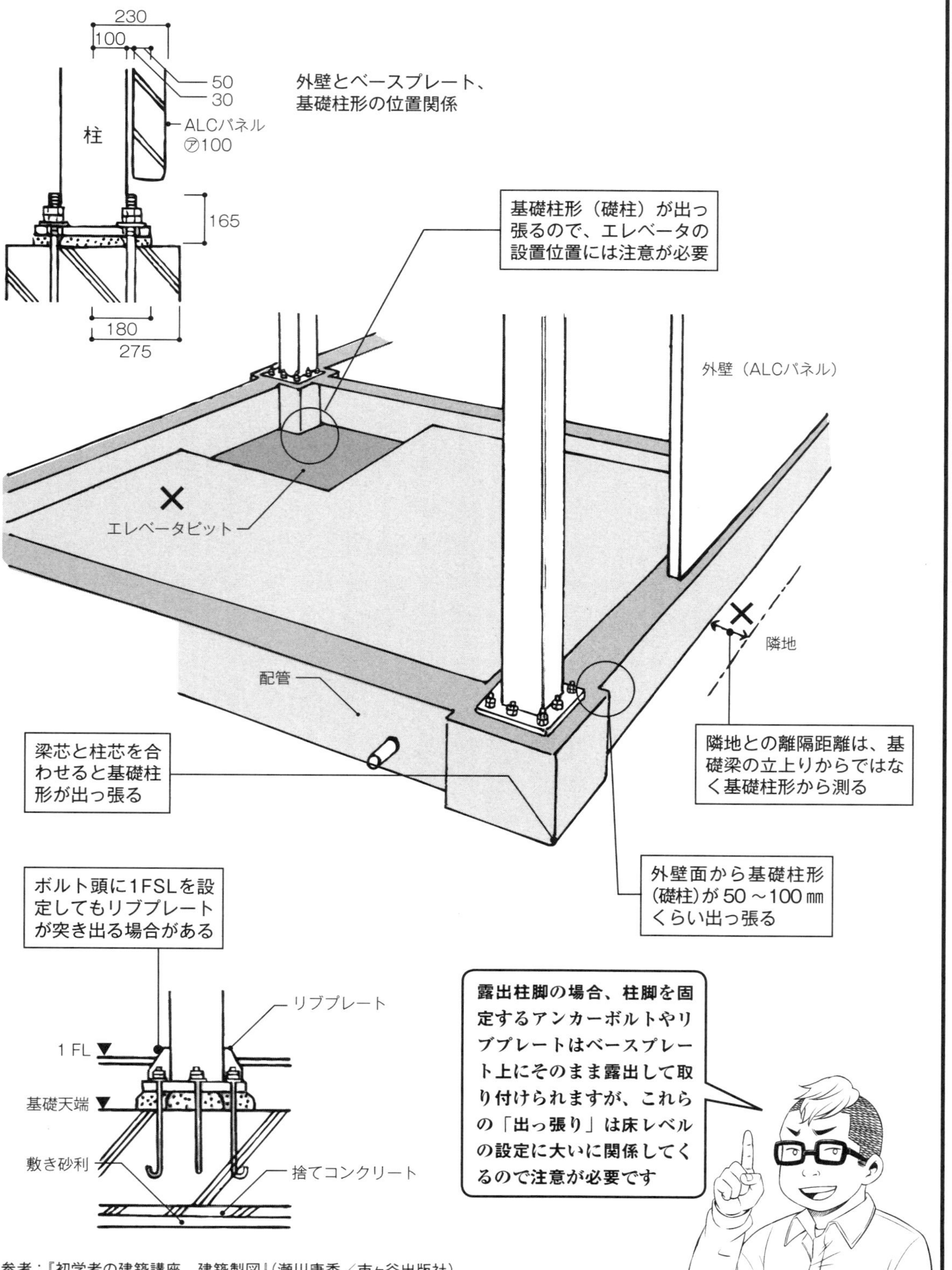

参考：『初学者の建築講座　建築製図』（瀬川康秀／市ヶ谷出版社）

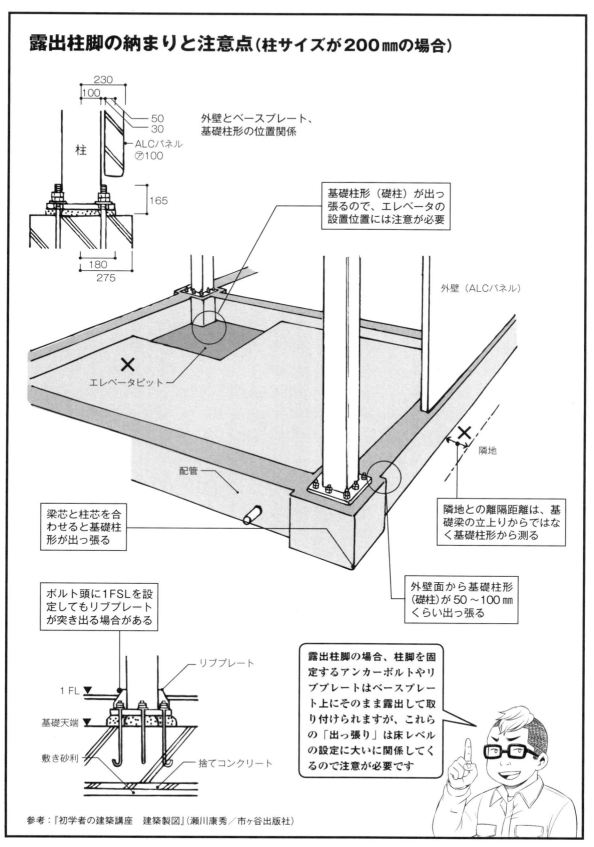

いよいよ建方の当日
えー 今日も一日 安全第一でよろしく お願いします！
気合入れるよ 風間ファイ オー――――！
オー…
やっぱ レディース 出身だべ
ポカッ
ニヤリ
ヘルメット 緩んでるぞ
建方の流れ
みんな 最初は 柱からくるぞ！
うっす！
テツヤとケンジは 警備員よろしく！ 歩行者には十分 気をつけてね
了解っす
はい！ 誘導棒ー
今日の鏡子さん いつにも増して かっこいいすね！

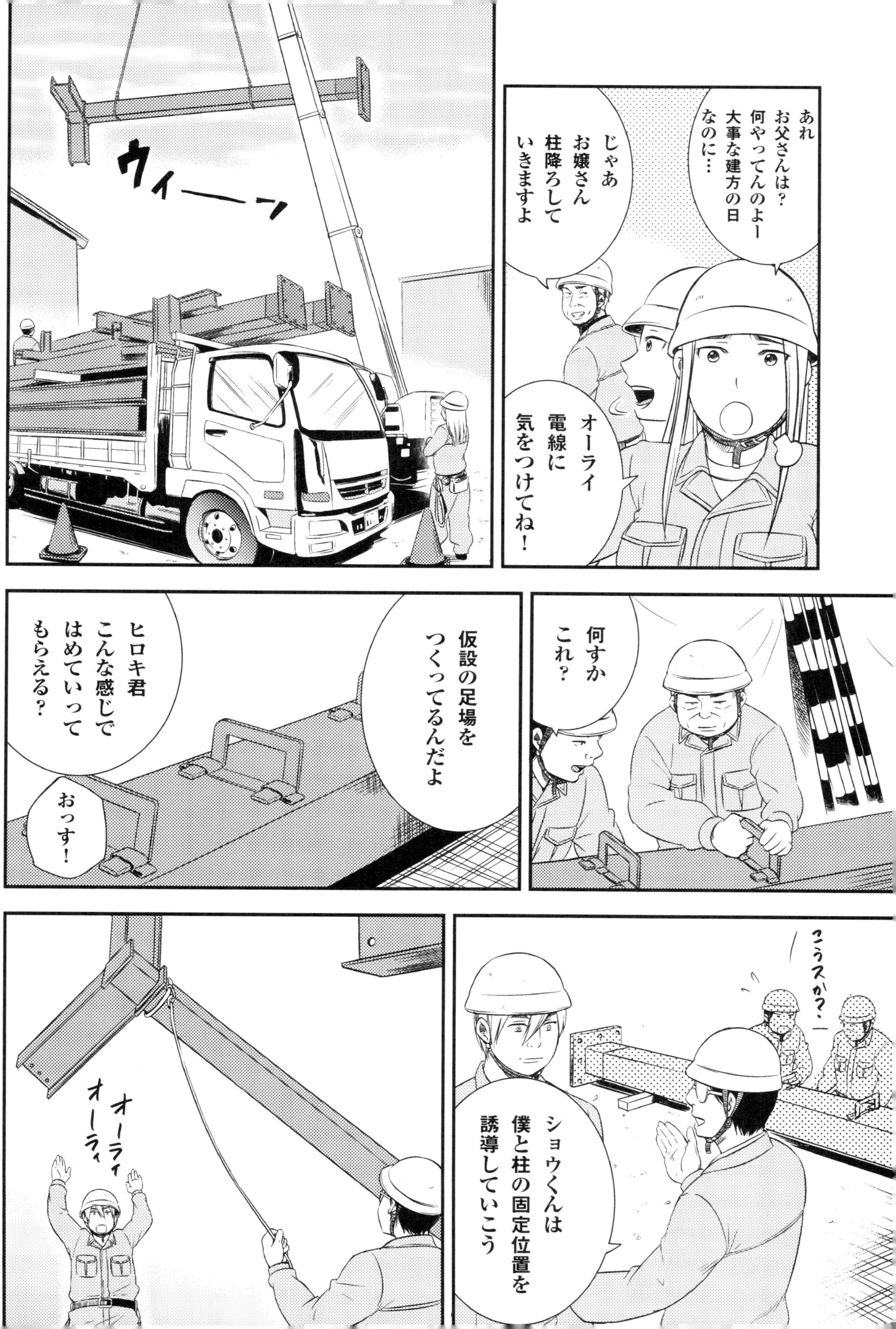
あれ
お父さんは？
何やってんのよー
大事な建方の日
なのに…
じゃあ
お嬢さん
柱降ろして
いきますよ
オーライ
電線に
気をつけてね！
ウィーーーン
何すか
これ？
仮設の足場を
つくってるんだよ
ヒロキ君
こんな感じで
はめていって
もらえる？
おっす！
こうスか？・ー
ショウくんは
僕と柱の固定位置を
誘導していこう
オーライ
オーライ

よーし そのままそのまま
入ったぞー
アンカーボルトにセットされた柱は水平器を使って水平と垂直を確認
柱
オッケーです 次いきましょう!
ナットを締めてアンカーボルトと柱脚を接合していく
おーし じゃあ 次いくよ!
うーすー
鏡子さん! ちょっと待って
歩行者通りまーす!
ヨボ~
ヨボ~
はい ストップ! 歩行者
さささっ おばあちゃん こっち!
ありがとねぇ~

ケンジ
グッジョブ!
GJ!
やった!
鏡子さんに
ほめられた
泣きそう!
よーし
梁あげるよー!
ウィーーン
うぃーっす
する
する
する
おーすげー!
オレの付けた足場
使ってる!
当たり前
でしょ…!
オーライ
オーライ!
ガキッ
カチャ
カチャ

それにしても
ピッタシ
合うもんだなぁー
だな！
一カ所にボルトの孔が
6個もあるってのに…
当たり前だ！
少年！
誰が加工図を
描いてると思って
るんだ
おぉ〜
よく言うよ細野
昔は自分の描いた
加工図に自信がなくて
職人さんがボルト留めに
ちょっと手間取ってるだけで
真っ青な顔
してたのにねー
ニヤニヤ
鏡子さん！
それは言わない
約束です！
よし！
建方の真っ最中だけど
せっかくだから
君たちに教えて
あげよう
ケンジくん！
この継手の鉄板は
何と言うのかな？
スプライス
プレートでしょ？
正解！
では
このスプライスプレート
と高力ボルトを使った
接合方法を何と
いうでしょう？
接合方法!?
ショウ
分かる？
えっ！

高力ボルトによる摩擦接合

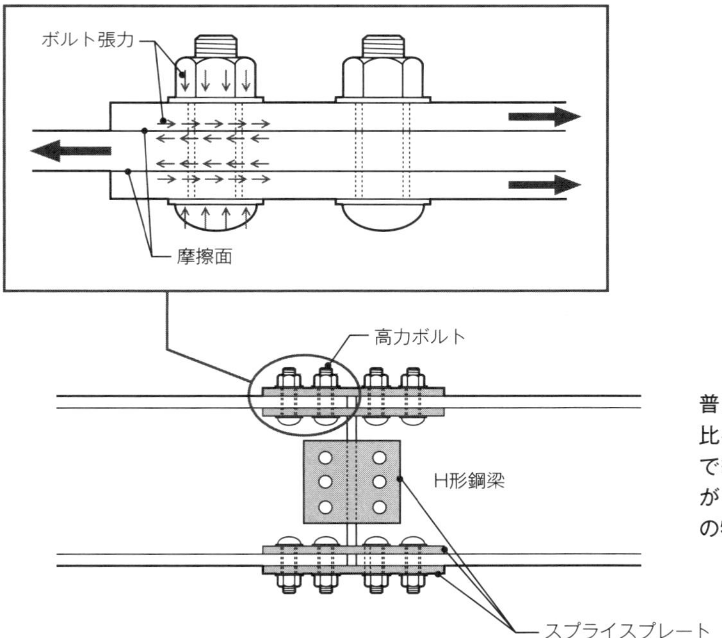

普通の「ボルト接合」に比べて応力の流れが円滑で継手の剛性が高いことが「高力ボルト摩擦接合」の特徴

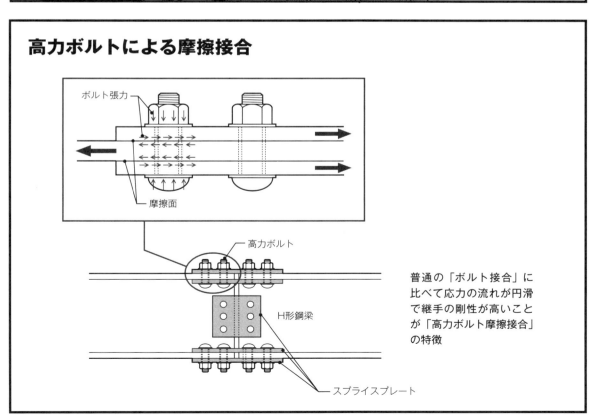

鏡子さーん
ボルトの仮締め
終わりました
よっし!
じゃ
マーキングチェック
お願いね!
うっす!
おっけー!
こっちも
おっけー!
ん!?
ちょっと細野!
ここギリギリ
じゃない!?
え?
何がです?
ここの貫通孔だよ!
なんとかうまく逃げてる
けど…
あまりほめられた
ものじゃないわね
すいません
意匠さんの図面では
近くにトイレが
きてたもんで…

梁の継手位置と貫通孔の注意

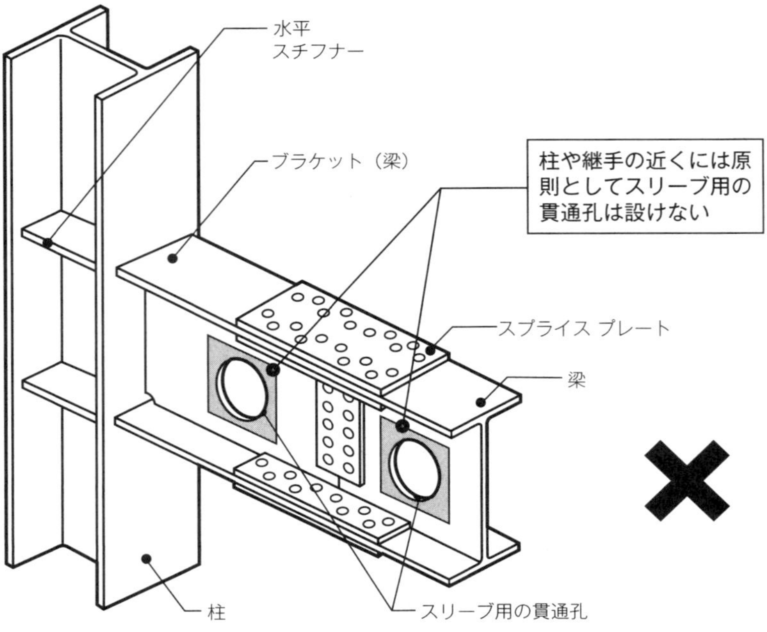

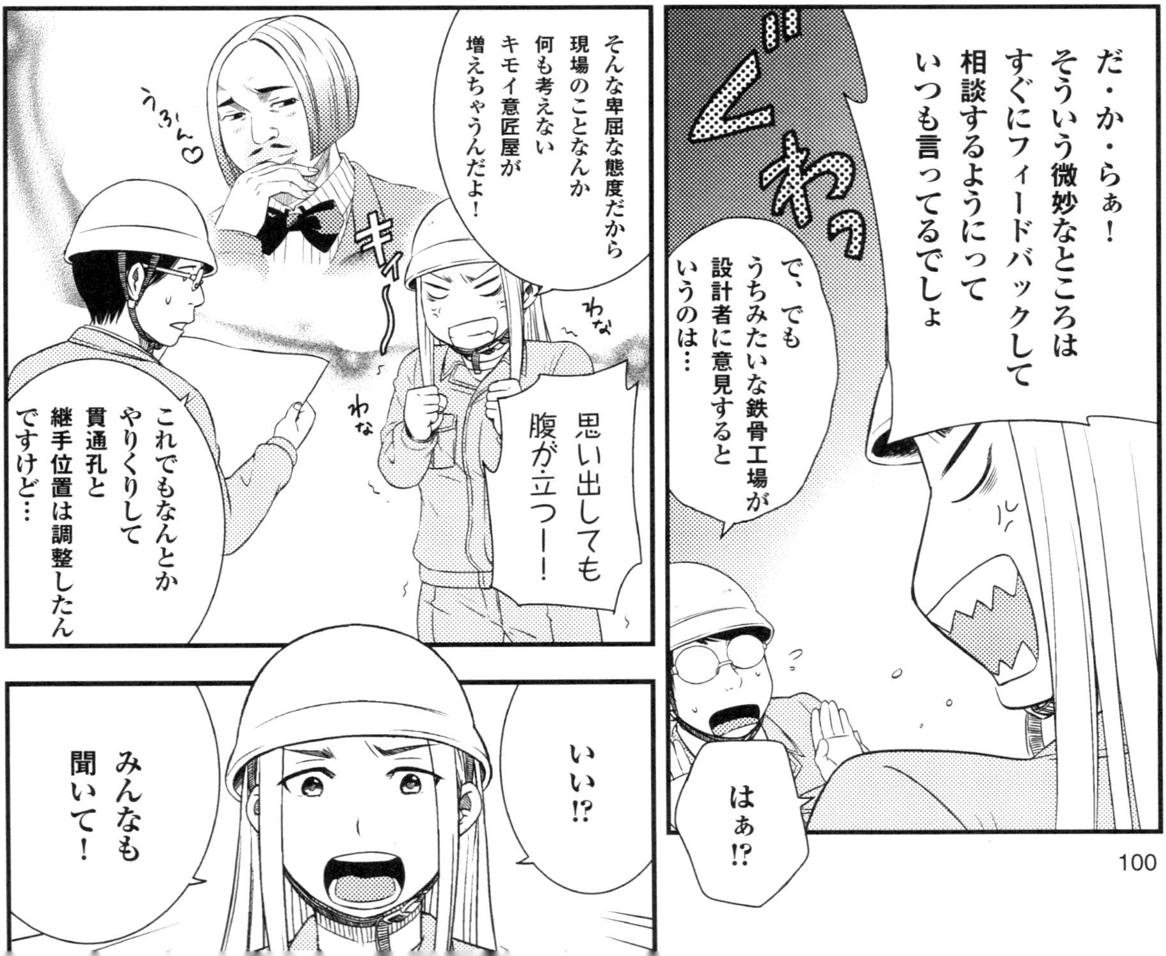

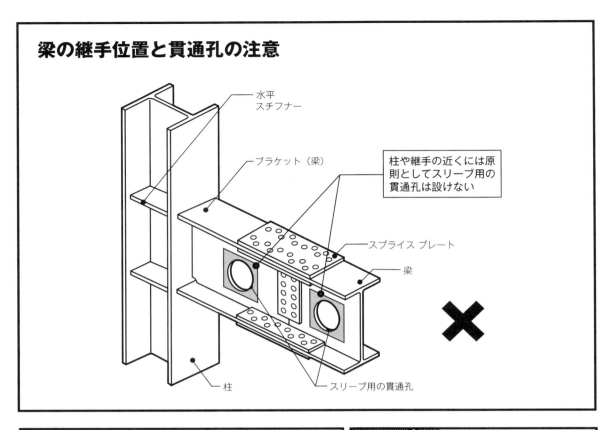

鉄骨加工工場ってところは設計者から指示されたものをそのままつくるところじゃないの！
こんな建物つくりたいんだけど
う〜ん じゃ、ここはこーして…
あーして…
ここはこーしたほうがいいですよ！
そっかー！
設計者が描き起こす意匠図ってのはね たいてい未定の個所があったり 組み立て加工まで配慮したものにはなっていない
だからこちらが先回りして問題があれば指摘してあげる！
逆に言えば もし君たちが設計をする側に回ったとしても 鉄骨加工の方法や組み立ての方法を熟知したうえで設計できるようになっていれば
現場の進行もイメージするデザインも何もかもすごくスムーズに進むってこと！ 分かった？
工場長 ボルトのマーキングチェック完了です！
はい お疲れさま ちょっと休憩入れようか
ところでさっきマーキングってしてましたけど あれは何のための作業だったんすか？
ボルトがあるとかないとかのチェック？

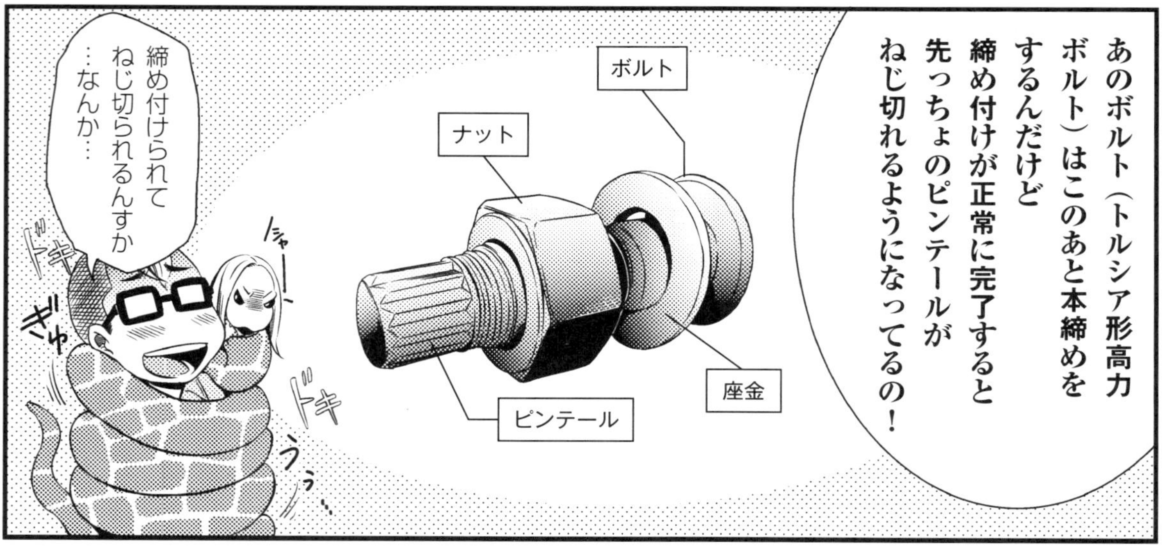

高力ボルトの締付け順序

フランジは接合部の中央から端部、ウェブは上から下に向かって締め付ける

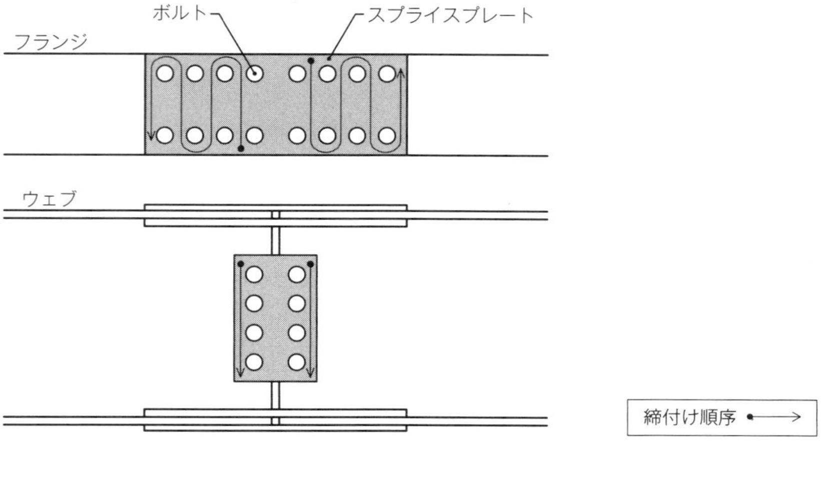

建入れ直しとは、鉄骨柱の垂直精度を修正する作業。建方時の柱は仮組みの状態であるため、建入れ直しによって建物の精度を出してから高力ボルトの本締めを行う。
具体的には柱脚や柱・梁の交差部などにワイヤーを引っ掛けてブレース状に張り渡し、柱が垂直に近づくようワイヤーを少しずつ緊張させながら柱のゆがみを矯正していく。
建入れ直し後は、柱がその建物にとって高さ方向の基準（定規）となるため、ここで精度が狂っていると後々の作業に支障をきたす。

柱の精度は柱面に付けた定規の目盛りを見て判断する。目盛りとは、上階からの下げ振り糸が定規と交差する位置のこと。
同じ通り（たとえばX２通り）の柱面それぞれに外側に向けて定規を付けておき、柱面から下げ振り糸までの目盛りがどちらも同じになる位置を探りながら、少しずつワイヤーを引っ張っていく。

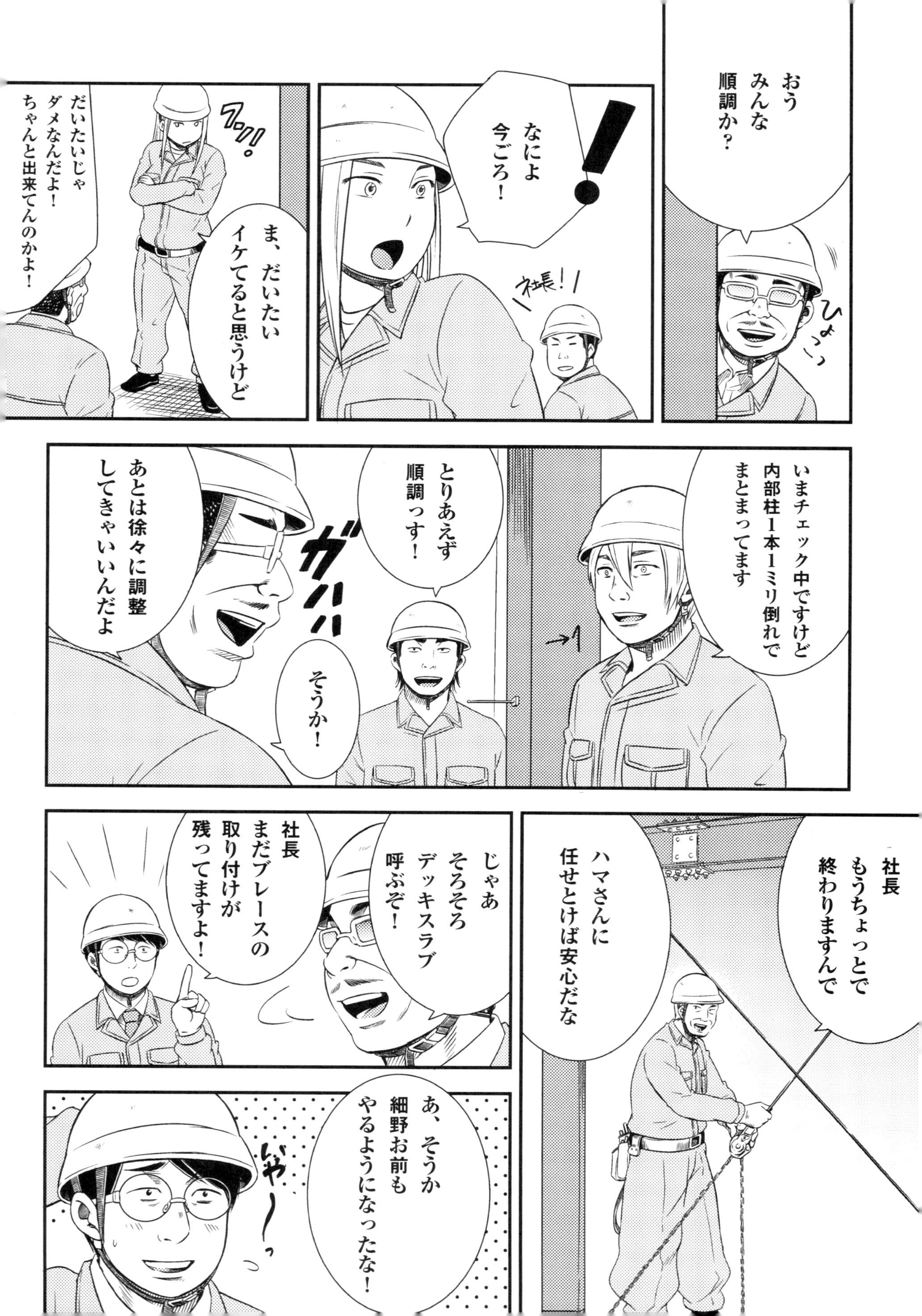
おう みんな 順調か？
ひょこっ
なによ 今ごろ！
社長！
ま、だいたい イケてると思うけど
フン!!
だいたいじゃ ダメなんだよ！ ちゃんと出来てんのかよ！
いまチェック中ですけど 内部柱1本1ミリ倒れで まとまってます
とりあえず 順調っす！
ガハハ
そうか！
あとは徐々に調整 してきゃいいんだよ
社長 もうちょっとで 終わりますんで
ハマさんに 任せとけば安心だな
じゃあ そろそろ デッキスラブ 呼ぶぞ！
社長 まだブレースの 取り付けが 残ってますよ！
あ、そうか 細野お前も やるようになったな！
い゛や〜っ

人間 下のもんが出来ると途端に伸びるっていうからな
最近の細野はねぇー道でヤンキーに会っても目をそらさなくなったんだよー
えっ？
やだな ホメ殺しですか？
うんうん！
しみじみ…
よしっ！あとはブレースだけね気合入れてこー
オーッ
あの～ひとつ質問
ブレースの設置
ブレースって鉄筋みたいなヤツとかプレートみたいなヤツとかいろいろ種類があるみたいですけどどれ使ってもいいんですか？
丸鋼
プレート
？
まあ基本的な役割はどれも同じだね

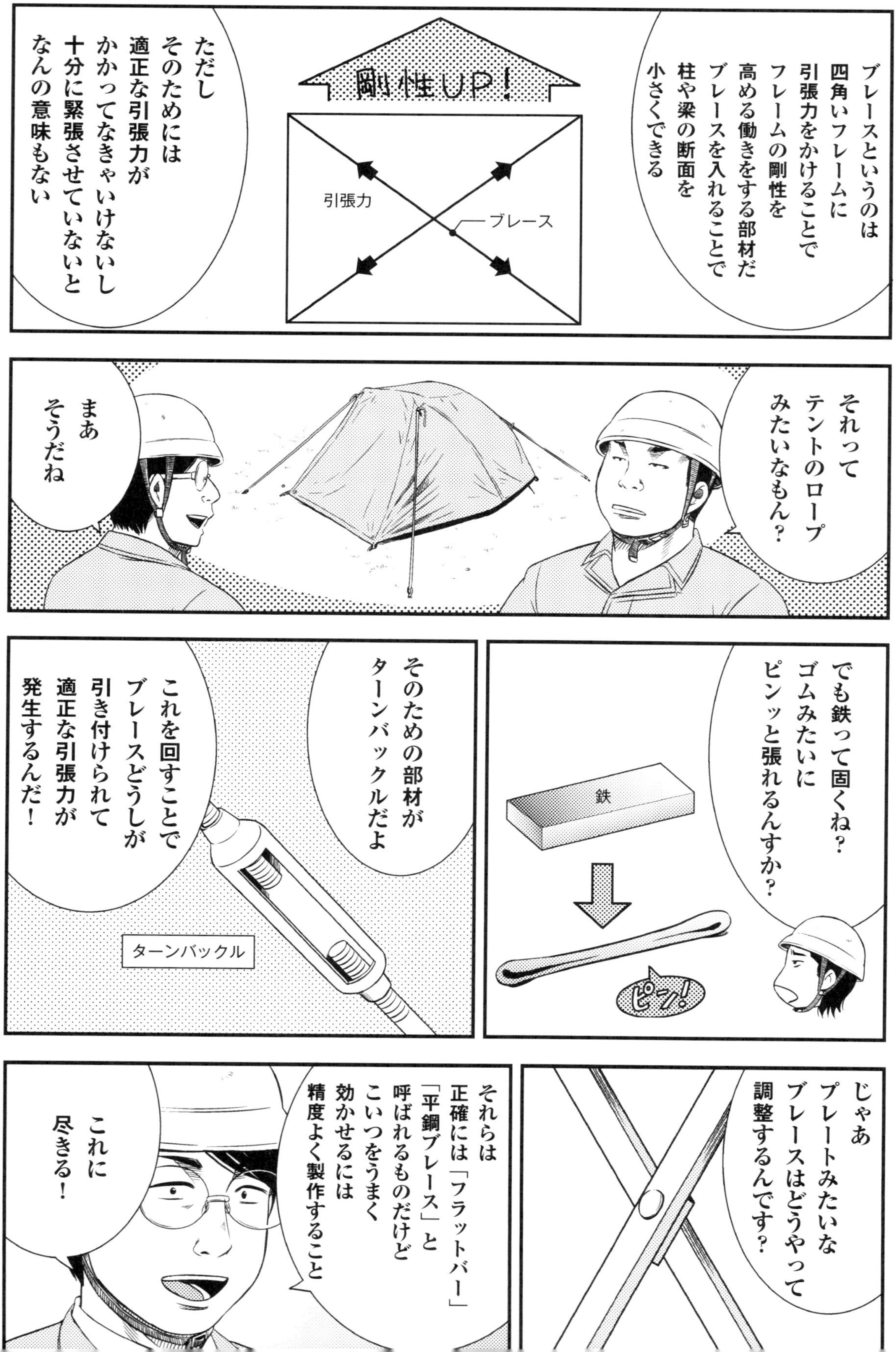
ブレースというのは四角いフレームに引張力をかけることでフレームの剛性を高める働きをする部材だブレースを入れることで柱や梁の断面を小さくできる
剛性UP!
引張力
ブレース
ただしそのためには適正な引張力がかかってなきゃいけないし十分に緊張させていないとなんの意味もない
それってテントのロープみたいなもん？
まあそうだね
でも鉄って固くね？ゴムみたいにピンッと張れるんすか？
鉄
ピン!
そのための部材がターンバックルだよ
これを回すことでブレースどうしが引き付けられて適正な引張力が発生するんだ！
ターンバックル
じゃあプレートみたいなブレースはどうやって調整するんです？
それらは正確には「フラットバー」「平鋼ブレース」と呼ばれるものだけどこいつをうまく効かせるには精度よく製作すること
これに尽きる！

ブレースの種類

①丸鋼ブレース

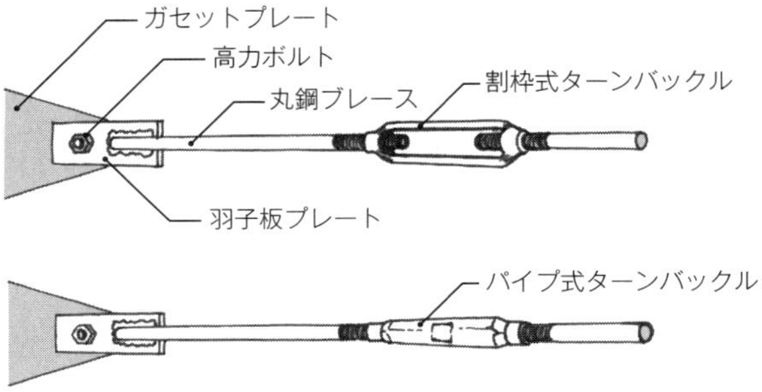

②平鋼ブレース

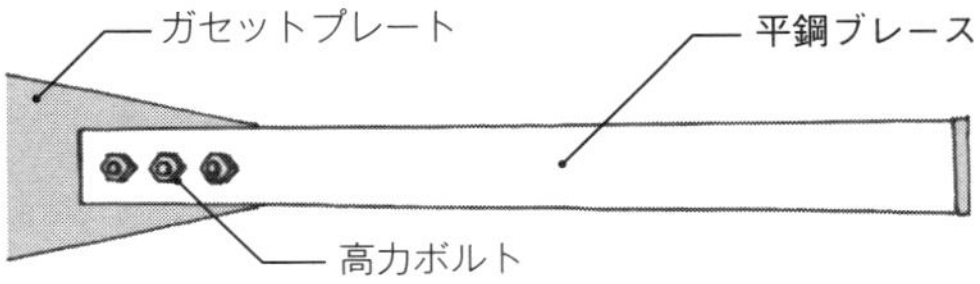

③山形鋼ブレース

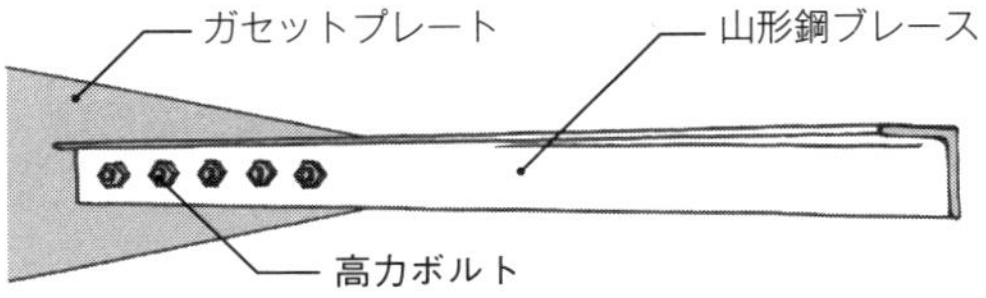

④溝形鋼ブレース

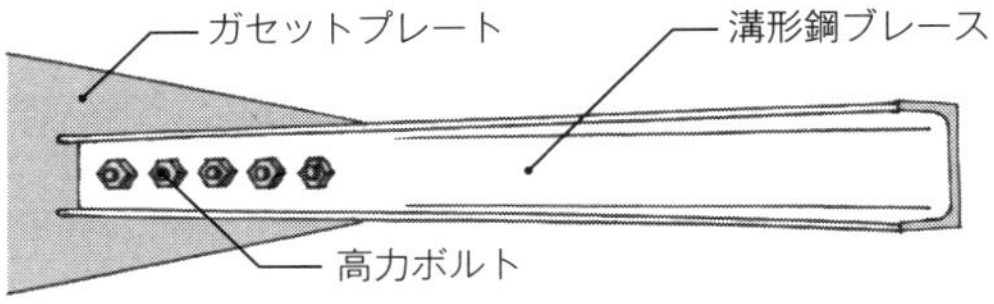

どのブレースを使用するかは設計者の判断による。住宅では断面の小さい丸鋼や平鋼、工場などでは山形鋼、溝形鋼が使われることが多い。丸鋼には張力をかけるターンバックルが必要だが、ブレースを露《あらわ》しで使用する場合にはすっきりしたかたちの「パイプ式」の使用がおすすめ

ブレースの場合はなんだ？
うーん…
ガセットプレート
取り付け位置はどちらも柱の中心になるみたいだし…
う〜ん。。
横から見てもターンバックルが両サイドにあるくらいで…
この建物はこのあとどうなると思う？
このあとは床を敷いて壁を張って…
？？
う〜ん。。
その壁はどうやって建物にくっつけるんだ？
ドウブツじゃね？ドウブツを使ってくっつけるんでしょ？
前に細野さんが鏡子さんに怒られてた…
ドウブチだよ！
もー！
そうそう細長い鉄骨！
そう胴縁だ
実はこれがブレースの選択に絡んでくるんだ

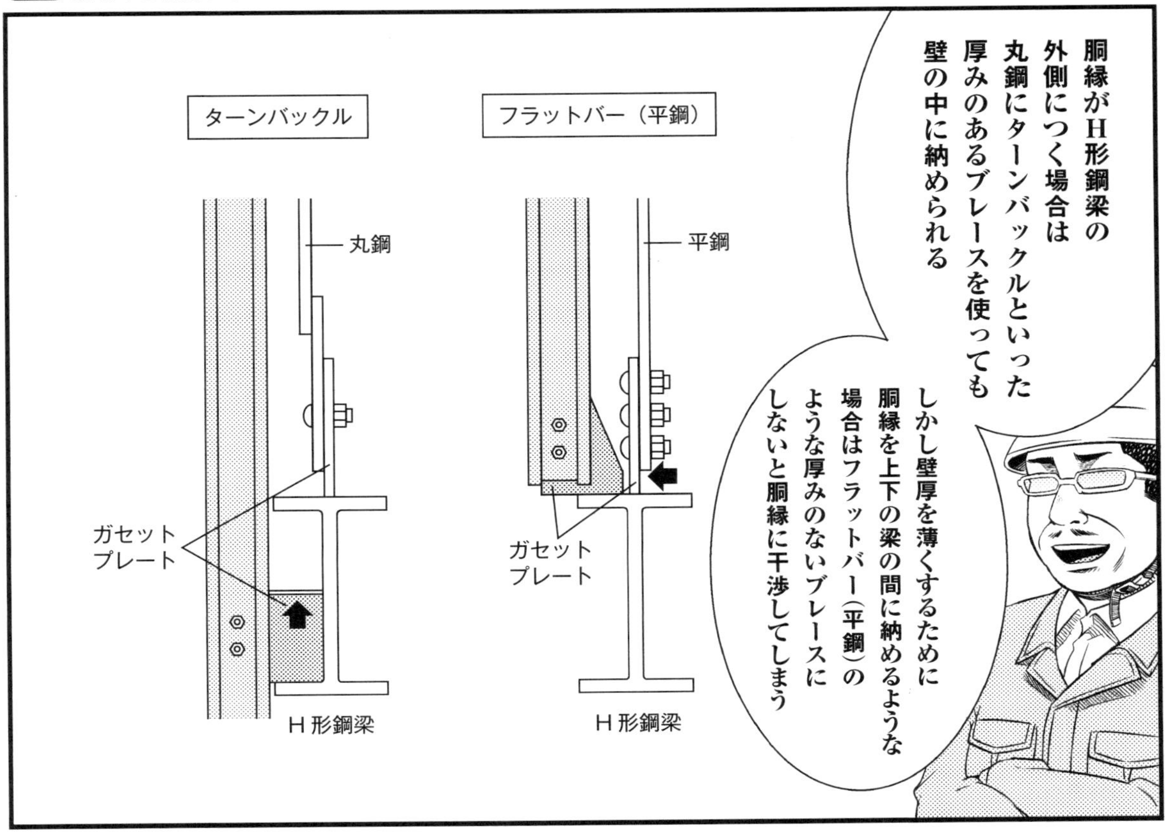

ブレースと胴縁の位置関係

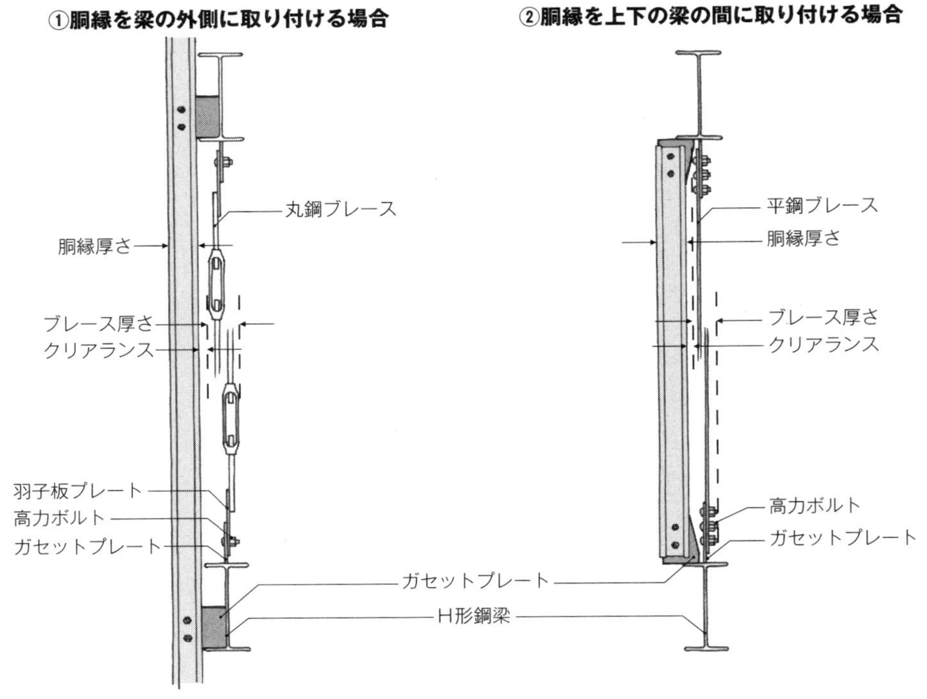

ブレースの断面方向の厚さは端部のボルトやターンバックルの厚さで決まる。
胴縁の位置はブレース厚さ、クリアランス（10～20㎜程度）を考慮して決める

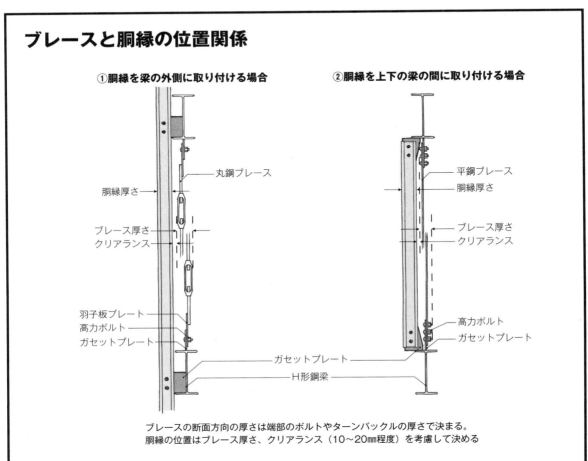

なるほど 胴縁に干渉するかしないかでブレースの種類も変えるのか
もちろん ブレースの選択にはそれ以外の理由もたくさんあります
胴縁との絡みはその一つにすぎません
ちなみに ブレースの設計でもう一つ大事なのは根元の強度です
ブレースは地震時の被害状況を見るとブレース材そのものが破断するより根元のガセットプレートがやられることのほうが多い
ボルト位置におけるガセットプレートの破断
じゃ どうしたらいいんすか?
H形鋼柱ならガセットプレートに補強リブをつける!
補強リブ
角形鋼管柱ならプレートを貫通させるなどの対策をとっておきます
ダイアフラムみたいに?
そう! ケンジくん 今日は冴えてるね!
いえ いつもっス!

ガセットプレートの設置

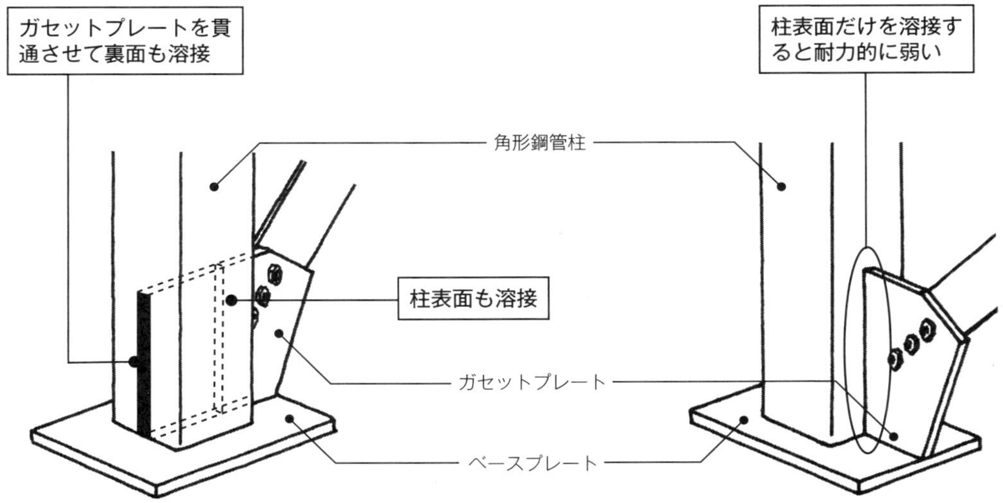

角形鋼管柱にガセットプレートを取り付けるときは、ガセットプレートを反対の柱面まで貫通させて溶接する。柱の表面だけで溶接すると耐力的に弱い

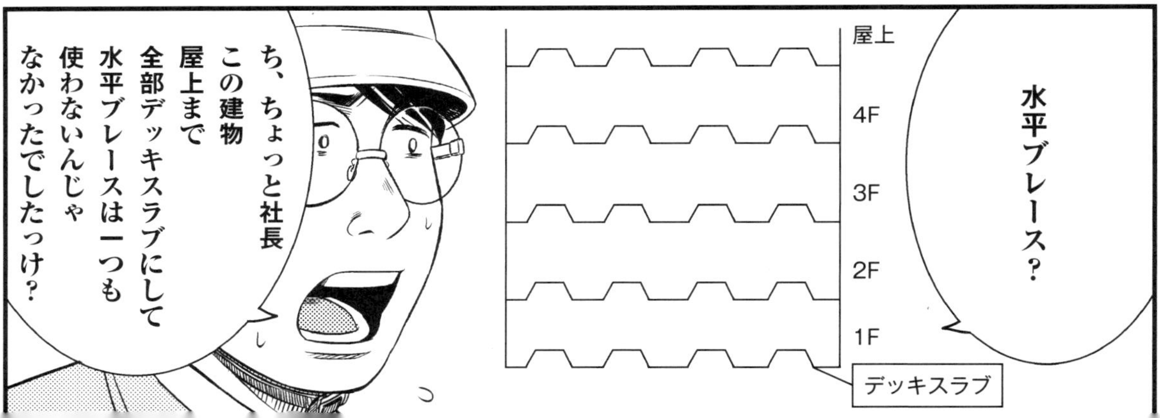

え？ 細野
もしかして
入れ忘れたんじゃ…
ざわ…
いや
ぼ、ぼ、ぼ、ぼ、僕
この現場の鉄骨図に
水平ブレースを
指示した覚えが…
え——
ちょっと勘弁
してよ——！
オロ
オロ
ガハハハ
鏡子
それくらいにしとけ
社長…
いつの間に…っ
一カ所入るんだよ！
屋上の塔屋のところだ！
あぁー！
そうか！
！
ハマさんが
気づいて私に
教えてくれたけど
細野には黙って
おきましたとさ…
クスクス
そんな…
人悪すぎですよ…
オレは
教えてやれって
言ったんだがな
ガク
今回は
空調ダクトの
絡まない位置
だったから
下フランジに
留めることにして
おいたよ！

ハマさん ありがとう ございました!
いいってことよ!
いや
細野一人の責任じゃねぇぞ
この建物に関わる全員がチェックしていかなきゃなんないことだからな!
まぁ みんなもバイトだからって遠慮しないで変だなって思ったことはどしどし言うようにな!
はい!!

水平ブレースの納まり例

①母屋を梁上に設置した納まり

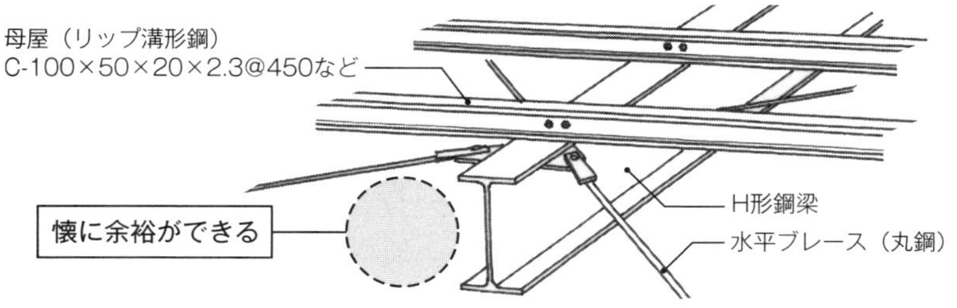
母屋（リップ溝形鋼）
C-100×50×20×2.3@450など
H形鋼梁
水平ブレース（丸鋼）
懐に余裕ができる

母屋は梁上に載せたほうが部材数が少なくて済むため施工も容易。母屋取り付け用のガセットプレートの数も少なくなるので鉄骨加工工場での製作も楽になる。ただし、母屋天端から梁下までの距離は大きくなる

②母屋とブレースを梁の高さ内に揃えた納まり

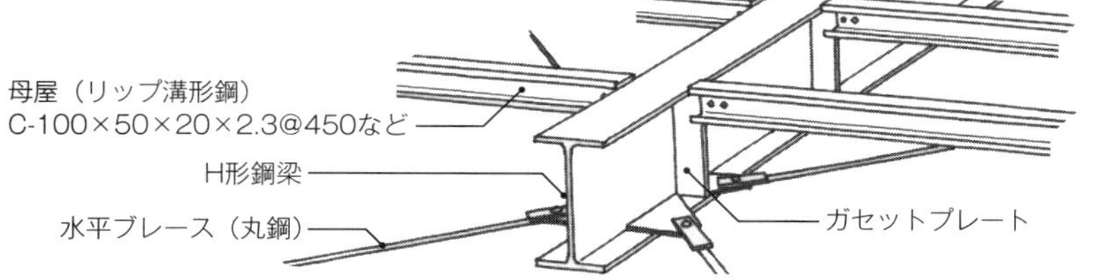
母屋（リップ溝形鋼）
C-100×50×20×2.3@450など
H形鋼梁
水平ブレース（丸鋼）
ガセットプレート

水平ブレースをH形鋼梁の下フランジに取り付ける場合は、ブレースが取り付く先の梁の位置を確認すること

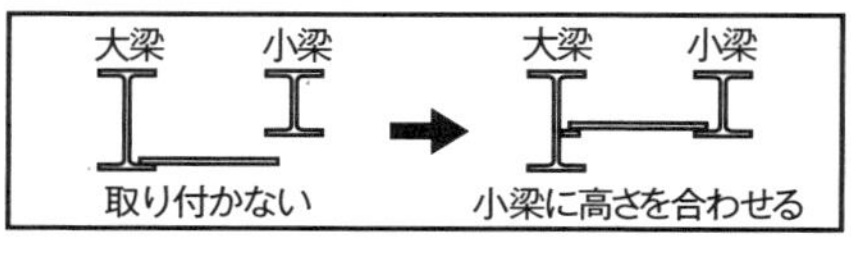
大梁
小梁
取り付かない
大梁
小梁
小梁に高さを合わせる

ラーメン構造とブレース構造の仕口廻り比較

①ラーメン構造（柱・梁が剛接合）の仕口

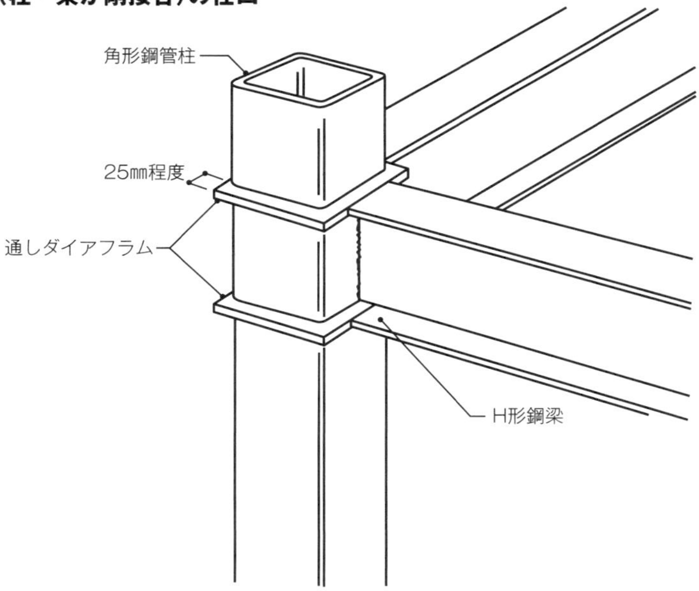

②ブレース構造（柱・梁がピン接合）の仕口

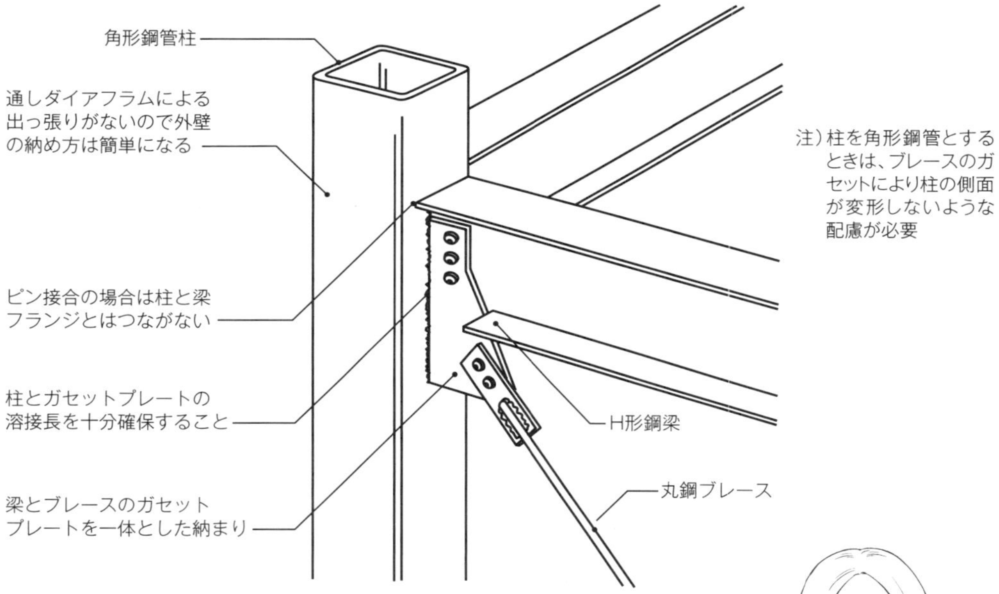

ブレース構造とした場合は、柱は軸力だけ、梁も長期荷重だけになることも多いので、ラーメン構造より断面サイズを小さく出来る可能性がある

第4話 床組み

部材は連結、現場は連携

次の日
ヒロキー ショウくん 交代して！ ケンジとテツヤ 上に上がらすから！
了解っす！
おーい 交代 だってよー
タッタッタッタ
ううう… オレ高いとこ 苦手なんだよな
なぁ テツヤは？
こつぜん
あれっ!?
はやっ！
どうした ケンジ？ 無理そうか？

ちゃんと安全帯付けてよ！
落っこちないようにね！
オレのことも心配してくれるんすね…
うう…
当たり前でしょ！

オレ上がります！どんなとこでも！
いいから
はよ上がれ

デッキプレートの敷き込み

デッキプレート

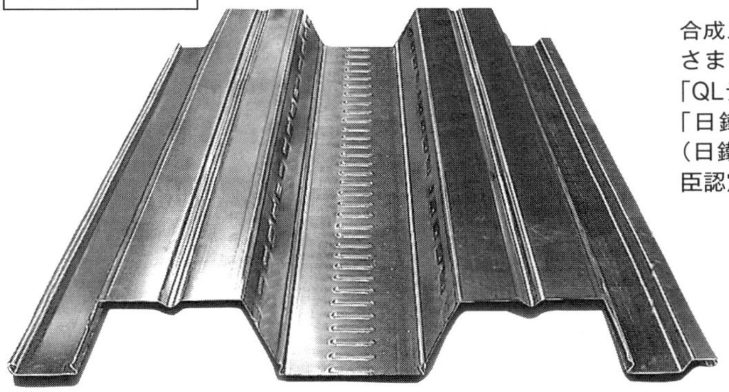

合成スラブ用のデッキにはさまざまな種類があるが、「QLデッキ」（JFE建材）や、「日鐵スーパーEデッキ」（日鐵住金建材）などの大臣認定品がその代表格

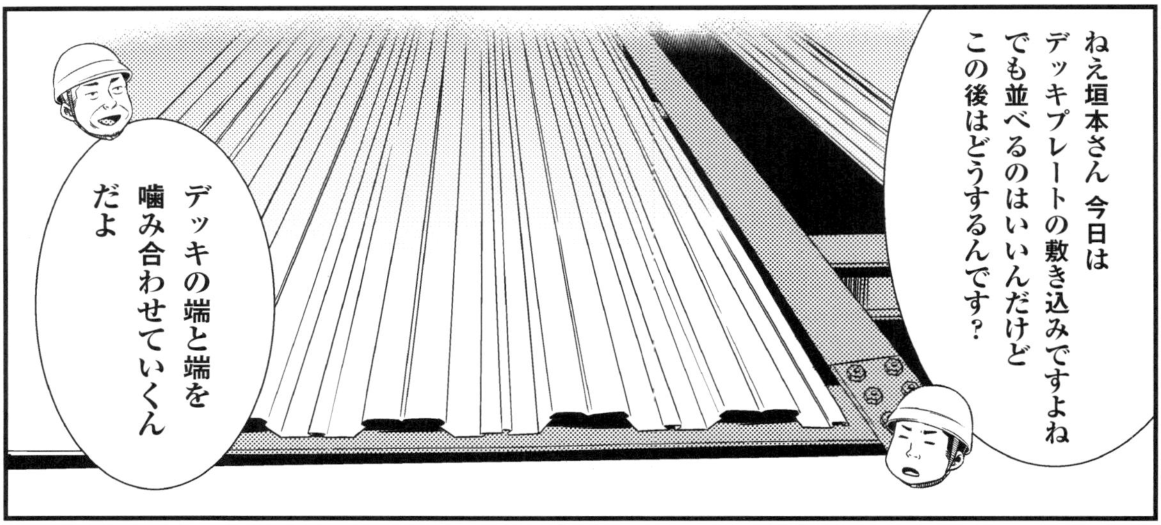
ねえ垣本さん 今日はデッキプレートの敷き込みですよねでも並べるのはいいんだけどこの後はどうするんです？
デッキの端と端を噛み合わせていくんだよ

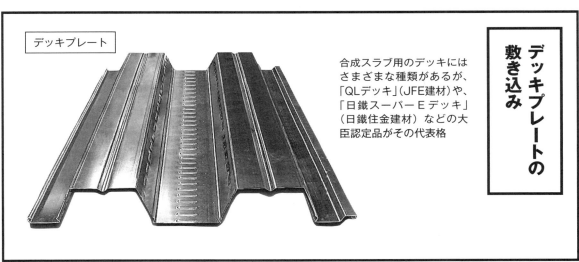

あ
本当だ！
端と端が引っかかる
ようになってる！
おいケンジ！
この端と端を
くっつけていくぞ
分かってますって
ハマさん
オスとメスでしょ？
フッ…！
いま
この見知らぬ
デッキとデッキが出会い
そして愛が育まれる…
デッキ子さん！
僕はあなたの
ことが…
デッキ男さん
私たち今日
出会ったばかり
なのよ…？
2人の間で
時間なんか無意味です
僕はデッキ子さんと
…！
合体！

バカッ!
痛ってえ! 何するんすかー!
オレはデッキとデキ婚を演出…
ポカ
ポカ
ポカ
こういうふうに嵌合《かんごう》していけばいいんだ
分かりましたよで、デッキの連結が終わったら次はどうするんですか?
この上にコンクリート打っていくんだ
へー鉄骨造なのにコンクリート使うんだ
コンクリート
!
デッキプレート
ケンジの参考書には書いてなかったのかい?
そ、そのページだけたまたま読み飛ばしたみたいっす

じゃ それ以外は頭に入ってるかな？ ケン坊 ひとつ質問だ！
デッキプレートを敷こうとしたら梁の継手部分からボルトが出っ張っていました
さぁ どうする？
えっ
これじゃデッキが平らに敷けませんよね…
さらにもう一つ このデッキの列 梁まであと10センチくらい足りない
さて どうする？
10㎝
足りない？
うーん
あ！ 分かりました！
それって〜 細野さんが設計を間違えたからですよ
へっ
もう一回 設計し直すしかないんじゃないですか？

はっ いたんだ
ゆらぁ。。
おい ケンジ…
てめー オレ様の前で 設計が間違ってる とか抜かしやがったな！
いえその 冗談っす…
オレにはそんな冗談 通じねぇんだよ！
そこ 座れ！
は はいぃ
正座だよ 正座！
この神聖なる 鉄骨の現場 しかも新品の デッキプレートの 上だぞ！
ドン！
天井はデッキの 露し仕上げ… 亜鉛メッキの光沢も 美しいメタリックな 空間
亜鉛といえば 原子番号30 化学記号Zn 通称ジンク…
くど くど くど くど
こうなると 誰も止められ ないんだな…

で 先ほどの梁の継手に当たってる場合とか梁まで届かない場合とかは…
あぁ それはね！
デッキ受け
ボルトに当たりそうなところはデッキを切り欠いて梁に溶接したデッキ受けに載せる
デッキ幅が足りないときは調整用の「フラッシング」があるからそれを使えば大丈夫だ
フラッシング
そこはあっさり教えてくれるんだ…
だそうです じゃあ作業に戻りましょ…
そ
ろ…
待て！
まだ亜鉛についての説明が終わっとらん！

デッキ受けの設置

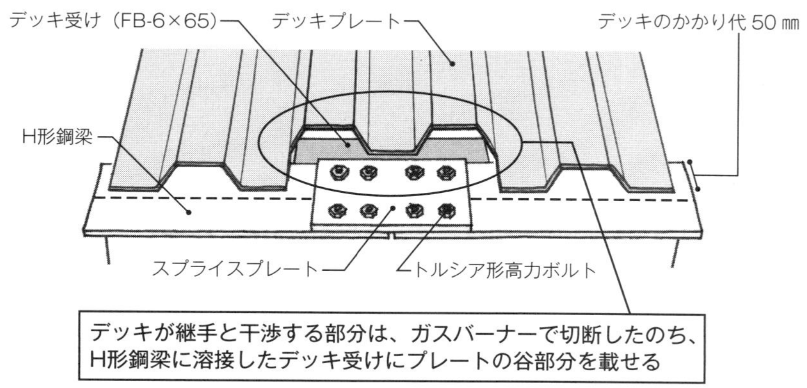
デッキ受け（FB-6×65）
デッキプレート
デッキのかかり代 50 ㎜
H形鋼梁
スプライスプレート
トルシア形高力ボルト
デッキが継手と干渉する部分は、ガスバーナーで切断したのち、H形鋼梁に溶接したデッキ受けにプレートの谷部分を載せる

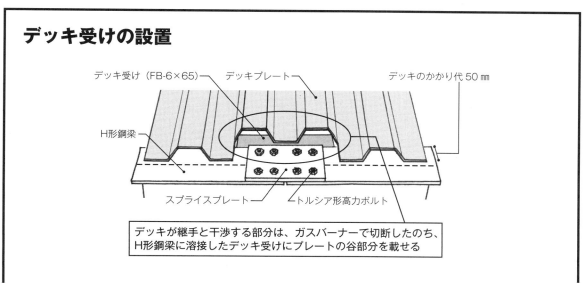

デッキ並べ終わった？じゃあ次はデッキと梁の溶接よ
は、はい
並べて連結したうえで溶接するんすか？
連結個所はデッキどうしの嵌合《かんごう》でいいんだけど梁に固定するためには「焼抜き栓溶接」が必要になるんだよ
デッキプレート
ここを溶接
梁のH形鋼
バチ
バチ
こんなふうにねデッキと梁をアーク溶接でくっつけちゃうんだ
おおー！
これで梁とデッキが一体化すんのかぁ

よし！
床の施工が終われば一安心だ
これで落っこちる心配はなくなるぞ
溶接して固定するまでは気ぃ抜くなよ！
ういっす！
デッキの敷き込みが終わると、デッキと梁を接合していく。写真は「焼抜き栓溶接」という溶接方法
アーク溶接による焼抜き栓溶接の跡がデッキの端から25mm以上の位置に18mm径以上で溶接してあることを確認します
合成スラブの完成
デッキの敷き込みはこれでひとまず終了
あとは細野とみんなでチェックしてもらえる？
はいっ！
ビシッ
ねぇ
鏡子さん

床ってこんな感じでいいんすか？まだブアブアしてますけど…
ダン！
構造上はデッキプレートだけでも水平剛性が確保されてなきゃいけないいんだけど
ここはこのあとコンクリートを打つからね
！
ここにコンクリートを打てば床の強さが確保できるのか…ずいぶん楽勝っすね
こうした床のつくり方を合成スラブというんだけど
コンクリート
合成スラブ
このデッキプレートはいってみれば鉄筋コンクリートにおける鉄筋の役割を果たすことになる
でもこのままコンクリート流したら下の階にダラダラ流れ落ちていきません？
ダラーー
そう！だからこのデッキプレートをアルマイトの弁当箱みたいに密閉しなきゃならない
そのために端っこをふさいでいくんだ
端をふさぐんすか？
そう！

おーい
そっちの少年
コンドメ
持ってきてくれやー
コンドメ？
なんすかそれ？
コン止め
というのは
スラブの縁に
留めるプレートのこと
コン止め
コン止め
コンクリート留め
の略ね
フラットバー
そこにあるわよ！
あぁ
これのことか！
はじめっから
フラットバーって
言やぁいいんだよ！
う…
けっこう
重いな…

ところで君たち
床の施工時に注意
したいのは
孔の処理だ
開口補強筋
開口部
開口補強筋
階段や吹抜け
エレベーターを
設置するための竪穴
すなわち床開口廻りの
処理に注意してほしい
孔の処理って
いうのは
人が落っこち
ないように
ってこと？
わあああ
おとし穴
注意！
現場作業中は
そうだけど
建築的には孔の周りの
構造的な補強が
大切になる
補強は鉄骨で
やるんすか？
小梁を入れることも
あるけど
小さな開口なら
補強筋を入れるのが
一般的だね
開口部
小梁
補強筋
いろいろ
やることが
あるんすね

床開口の制限

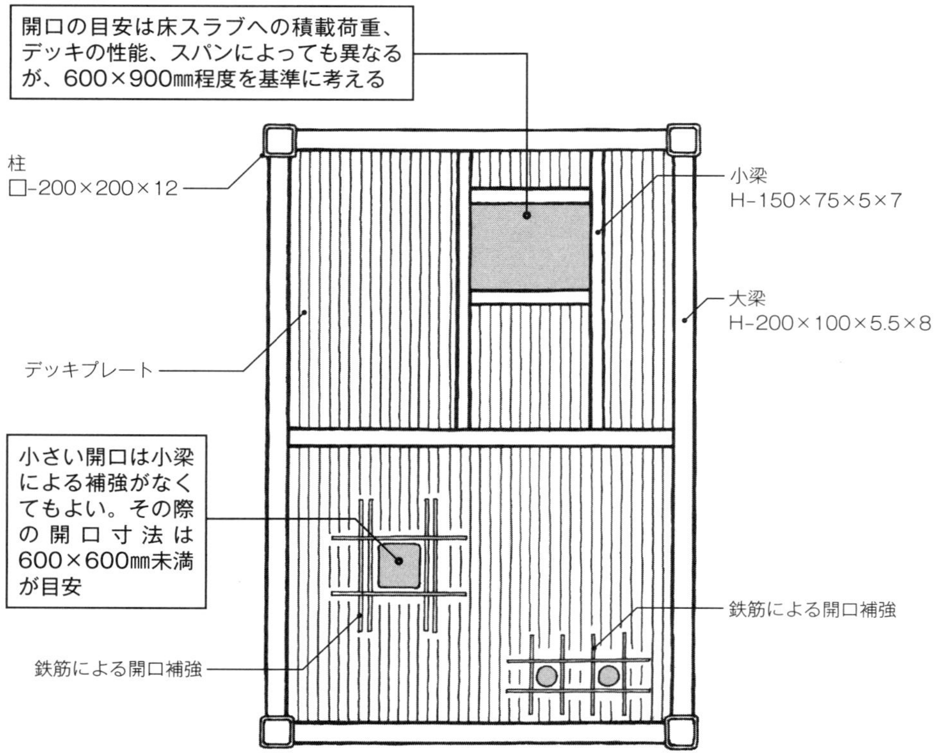

合成スラブの構造

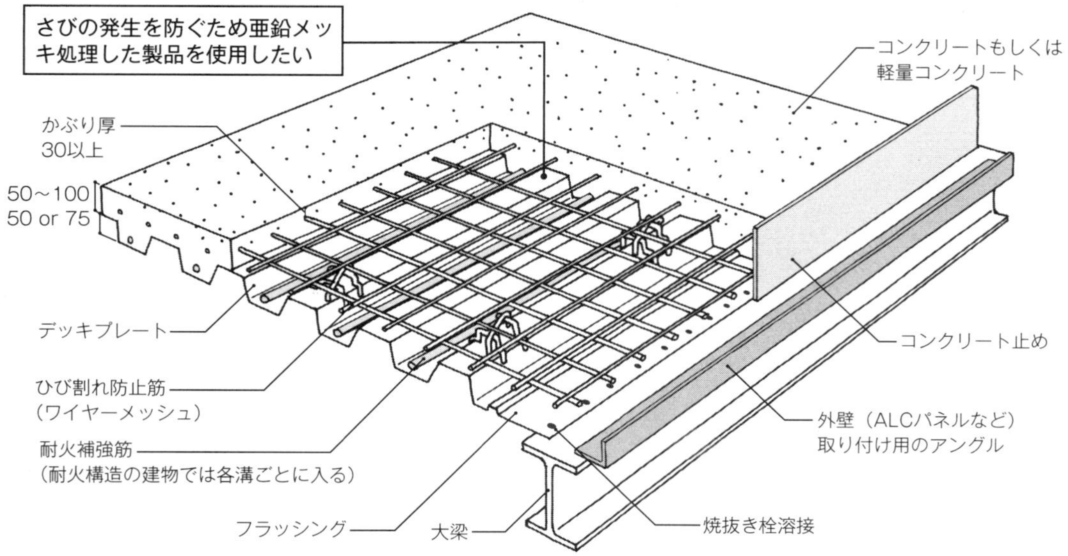

そろそろ
お昼にしましょう!
うーっす
今日は外に
食べに行ってる暇が
ないからみんなお弁当よ
えっ
これ鏡子さんの
手づくりっすか?
そうよ!
腕によりを
かけてつくったから
ドンドン食べてね!
あのー
垣本さん
ハマさん
オレ建方の現場見てて
思ったんすけど
みなさんすごい
連携っすよね
オレら足手まとい
じゃなかったっすか?
そんなこと
ねーよ!
誰でも
どこかで役に立つのが
現場ってところ
だからな
現に
歩行者も上手く
誘導できて
なんの事故も
起きなかったじゃない
オーライ
オーライ
ほんとっすか!

おまえら
ずいぶん若そうだけど
学校辞めた派か？
いや
行ってますすけど…
学校は出とけよ！
出てなくたって
仕事は出来るけど
資格とか
取ろうと思ったら
そのほうが断然いいぞ
なんせお宅の工場長は
東都工業大学って
いうじゃない？
はいっ
あ～ん♡
うぐぐ
もう無理っス…
そんなとこ出てたら
大手ゼネコンの連中にも
なめられることねえしな
それで現場出てるん
だから
立派なもんだよ！
お嬢は
子どものときから
現場見てんだから
特別だけどね
きょーこも
よーせつするの！
ただなぁ…
あれじゃちょっとや
そっとじゃ男が
寄り付かないって
いうか…
ニコ
…垣本さん
聞こえてる
わよー♪
な？
地獄耳だろ？
これじゃ
おっかなくて
男が…
ウフフ
ゾゾ～

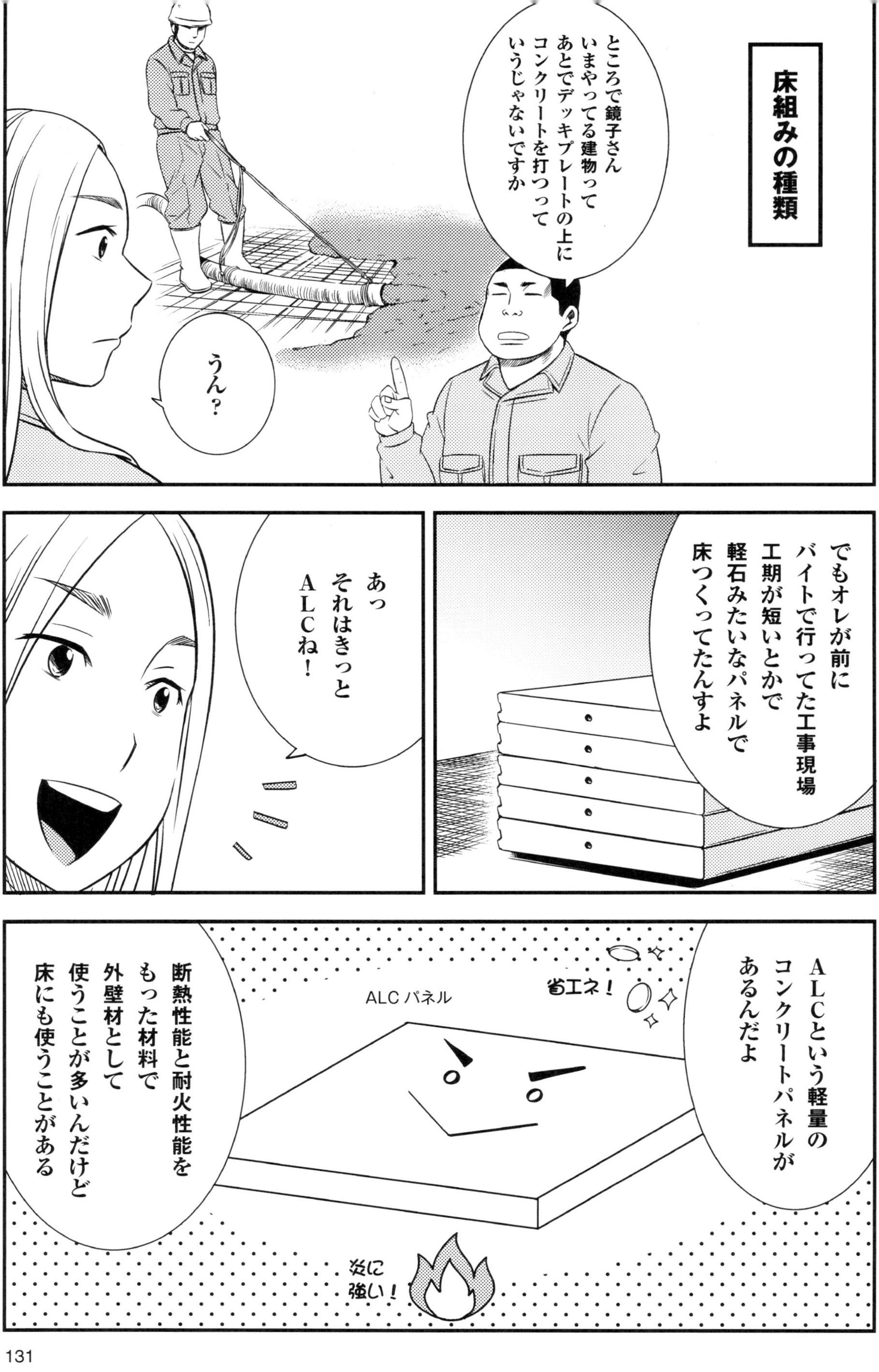
床組みの種類
ところで鏡子さん
いまやってる建物って
あとでデッキプレートの上に
コンクリートを打つって
いうじゃないですか
うん？
でもオレが前に
バイトで行ってた工事現場
工期が短いとかで
軽石みたいなパネルで
床つくってたんすよ
あっ
それはきっと
ALCね！
ALCという軽量の
コンクリートパネルが
あるんだよ
省エネ！
ALC パネル
炎に
強い！
断熱性能と耐火性能を
もった材料で
外壁材として
使うことが多いんだけど
床にも使うことがある

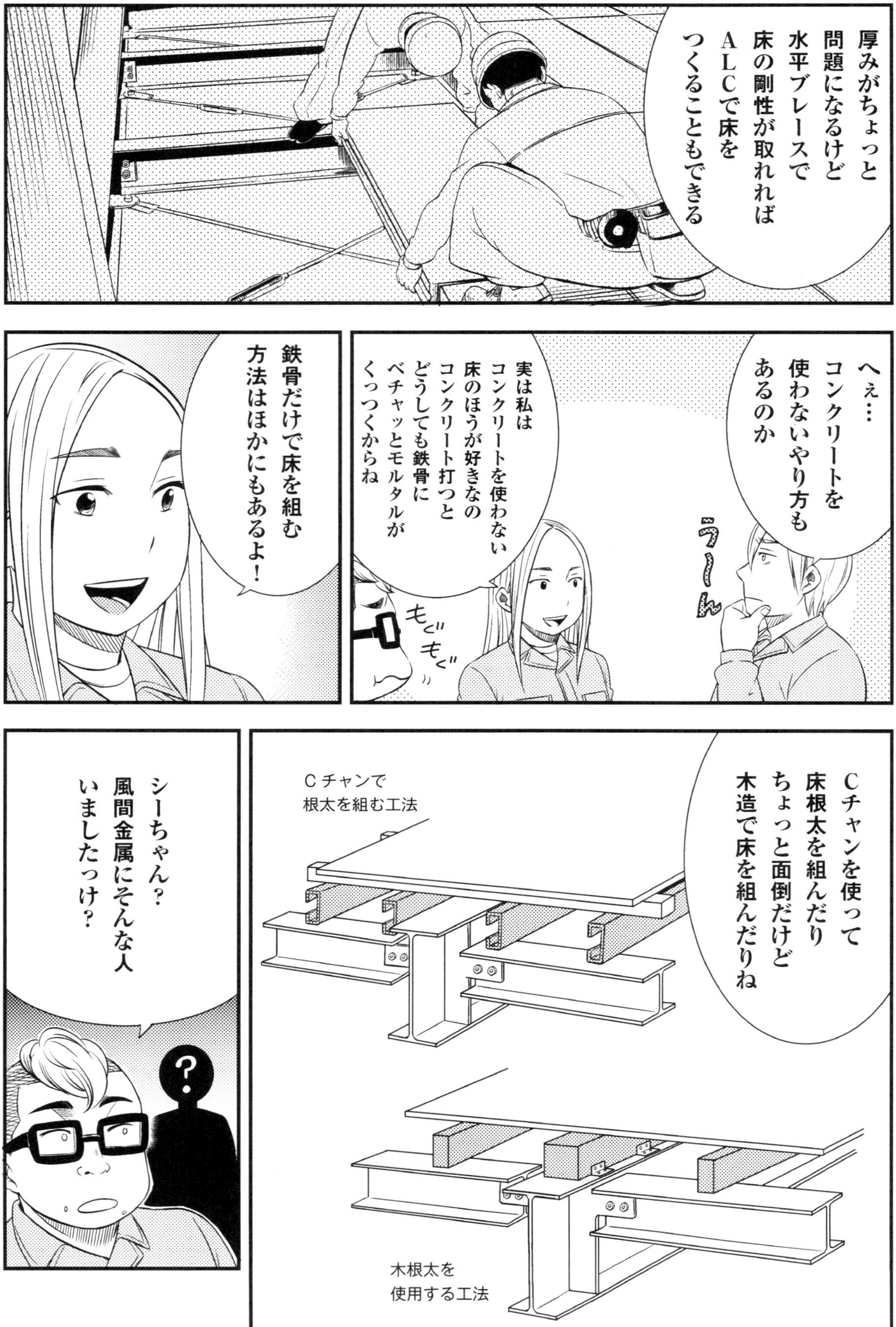
厚みがちょっと問題になるけど水平ブレースで床の剛性が取れればＡＬＣで床をつくることもできる
へぇ…コンクリートを使わないやり方もあるのか
うーん
実は私はコンクリートを使わない床のほうが好きなのコンクリート打つとどうしても鉄骨にベチャッとモルタルがくっつくからね
もぐもぐ
鉄骨だけで床を組む方法はほかにもあるよ！
Ｃチャンを使って床根太を組んだりちょっと面倒だけど木造で床を組んだりね
Cチャンで根太を組む工法
木根太を使用する工法
シーちゃん？風間金属にそんな人いましたっけ？
?

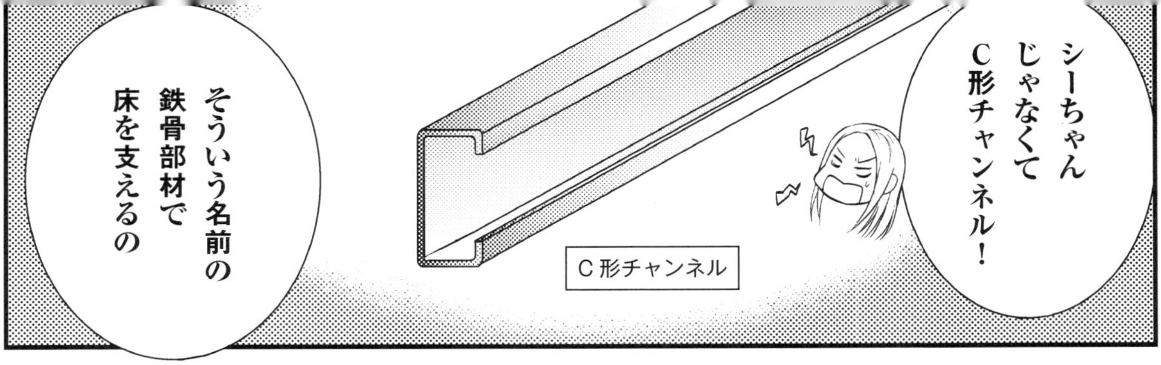

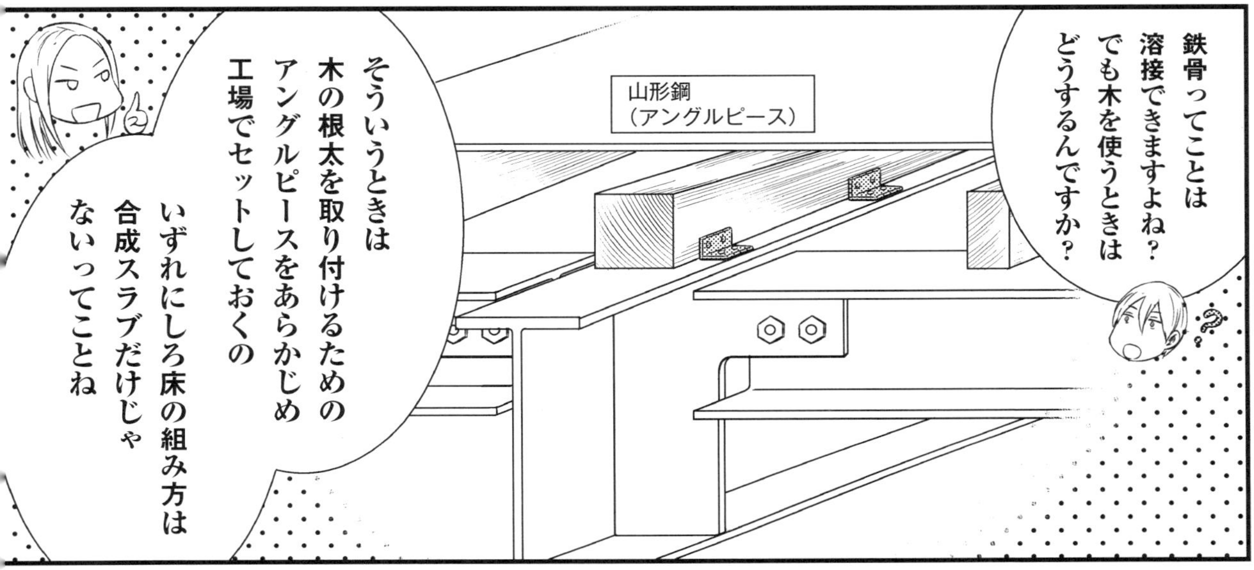

床組みの工法はいろいろある

①ALCパネルを用いる工法

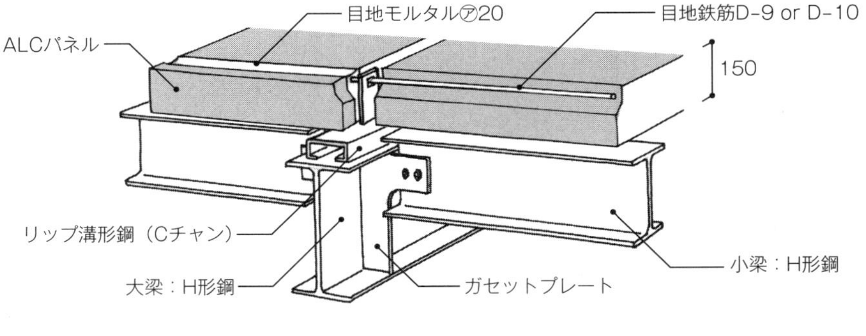

②キーストンプレートなどによる型枠工法

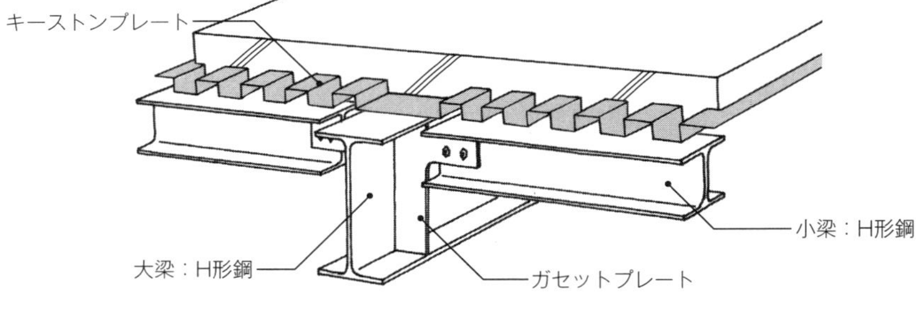

ちなみに屋根も同じつくり方ですか？
屋上を歩行可能にする前提なら防水は別にしても構造的には普通の床組みと同じ考え方になる
ただ屋上を使わないんだったら構造的にもっと楽で重量の軽い工法があるわよ
もしかしてあのギザギザしたやつじゃないの？
そう「折板」あれは鉛直方向にたわみにくくて防水の機能も満たすとても合理的な工法といえる
ガソリンスタンドとかアウトレットモールの屋根は大概そうなってるんじゃないかしら
それにしてもみんな質問の内容がどんどんマニアックになっていくわねー この調子だと江戸川工業との対決勝てるかもよー
ガタッ
当たり前っす最初っから勝つつもりっスから!!

第5話 外壁・耐火被覆

地震・台風・火事への覚悟

えー
二気筒エンジンは
トルクフルで高回転を
必要としないため
四気筒エンジンなどの
多気筒エンジンよりも
燃費が抑えられる
利点があり…
おや？
ヒロキ君なら
今日の二気筒
エンジンの授業
興味あると思ったん
だけど…
悩みがあるなら
授業が終わった
あとで聞きますから
今は…
なんでも
ねぇよ
…
ショウ君も心ここに
あらずといった感じ
ですねぇ
ケンジ君なんか
どの授業でも
寝てるらしい
じゃないですか
オイ！
起きろボケ！
ムニャ
ムニャ
う〜ん
すみません鏡子さん
ベースパックの
墨出し位置の
チェックして…

ケンジ！
安全帯忘れてんぞ！
はい!?
つけてない!? うわっ わあー!!
ガタ
オレ死んじゃったの？
ワハハ
ハハ
職員室
失礼しまーす
ガラ
おぉ 来ましたか！ まぁ座って

で
君たちだけで鉄骨を組めそうなの？
なんで知ってんすか!?
風間君がね一部始終話してくれましたよ
社長が…
オレらの勝負で風間金属の仕事が決まるなんて…
責任重大っすよ…
まぁ風間君はいつだって無茶をやり遂げる人なんです
そりゃ社長は無茶やってもやれる人かもしんないけど
オレらは…
オレらは？
何かね？やる前から出来ないとでも？
出来ないってわけじゃないっすよただオレらみたいなのが
風間社長の会社の命運を握ってるってのがさ…

…
いいんじゃない？そういうのも
仕事とはそういうものですよ きちんと出来て当たり前
自分が失敗すれば人様に迷惑がかかる
だから頑張れるんじゃないですか
もっもちろん全力は尽くすけど…
ガタッ
そんなのは当然です なんせ君たち4人が失敗すれば
風間金属工業の従業員みなが迷惑するわけですから
ここで全力を出せないようなやつなら信頼するに値しません！
だから それがすっげー怖いんすよぉおー

そう！怖いですよね！
ははは っ
私だって教壇に立って君たちと対峙してると怖いですよ
本当に私の授業が君たちの将来に役立つものになっているのか
無駄でつまらない時間を空費させているんじゃないかって…
タコ先生…
よろしい構造物の仕組みについては建築科の高野先生にも協力をお願いしましょう
タコが!?
溶接技術は私も教えます
溶接に関しては風間君よりも私のほうが教えるのは上手ですから！
明日から早朝と放課後に補習扱いで学校でもモックアップ対決の特訓をやりましょう
うっす!!

ハイハイ そこのひよっこたち！
格好つけてないで そろそろ今日の段取り説明するよ！

ALCパネルによる外壁工事
今日は外壁の工事をやりまーす!
え———!
外壁をくっつけるのも鉄骨加工工場がやるんすか?
普通はALCの専門工事会社がやるんだけど
うちはその施工講習を受けた認定工事会社でもあるのよ
だから外壁までやっちゃうの!
フフッ!
いわゆるワンストップ体制ですね!
仕上げのALCの割り込みすら僕が見込んでピースの設定をやってるんで
外壁工事をやらないでおくのはもったいないといえばもったいないんです
へぇ…じゃ外壁に関しては下地から仕上げまで風間組で全部仕切れるのか…
風間組?
ブツブツ
細野のアニキ!なんでも言いつけてくださいよ~!
ええ!?
オレより年季入ってるし鉄骨に詳しいしそのうえ怖いもの知らずだし…!
じゃ…いいかな?
コホッ

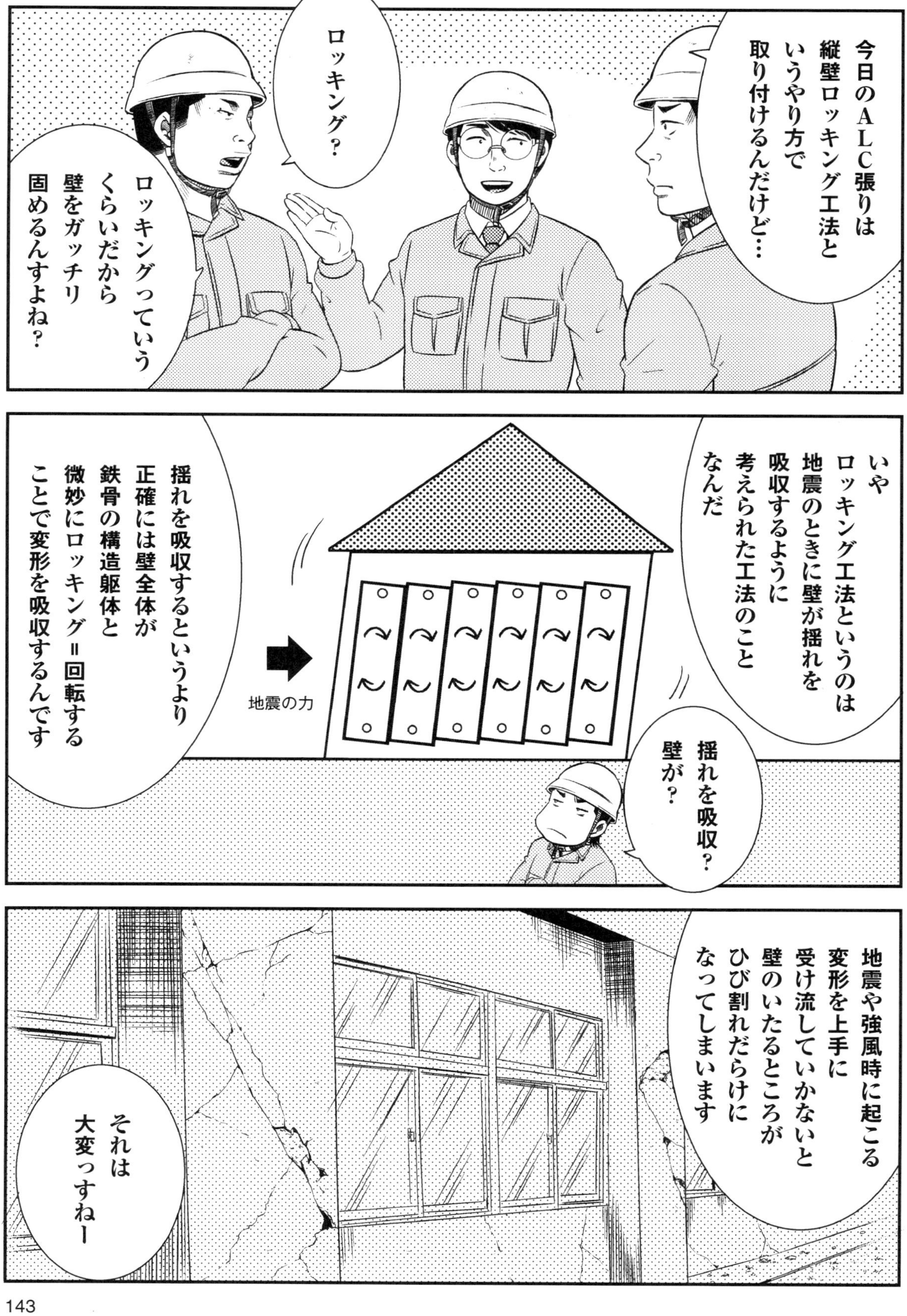
今日のALC張りは縦壁ロッキング工法というやり方で取り付けるんだけど…
ロッキング？
ロッキングっていうくらいだから壁をガッチリ固めるんすよね？
いやロッキング工法というのは地震のときに壁が揺れを吸収するように考えられた工法のことなんだ
揺れを吸収？壁が？
地震の力
揺れを吸収するというより正確には壁全体が鉄骨の構造躯体と微妙にロッキング＝回転することで変形を吸収するんです
地震や強風時に起こる変形を上手に受け流していかないと壁のいたるところがひび割れだらけになってしまいます
それは大変っすねー

ロッキング工法とは？

①ロッキング工法の仕組み

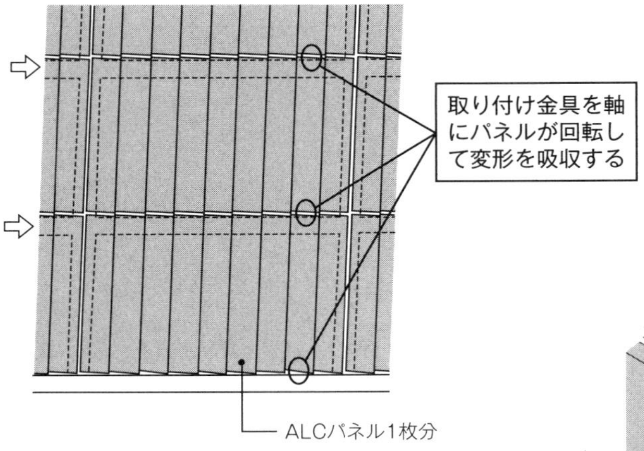

②取り付け方法

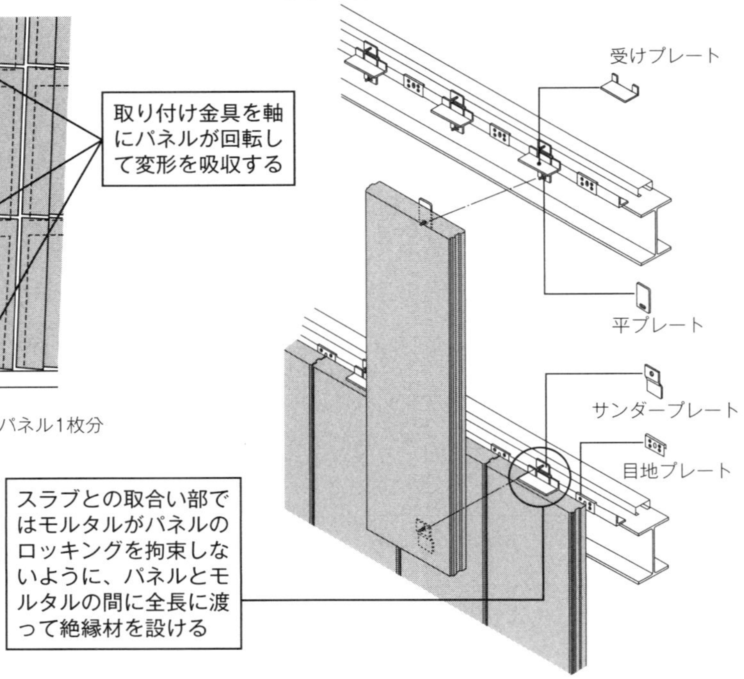

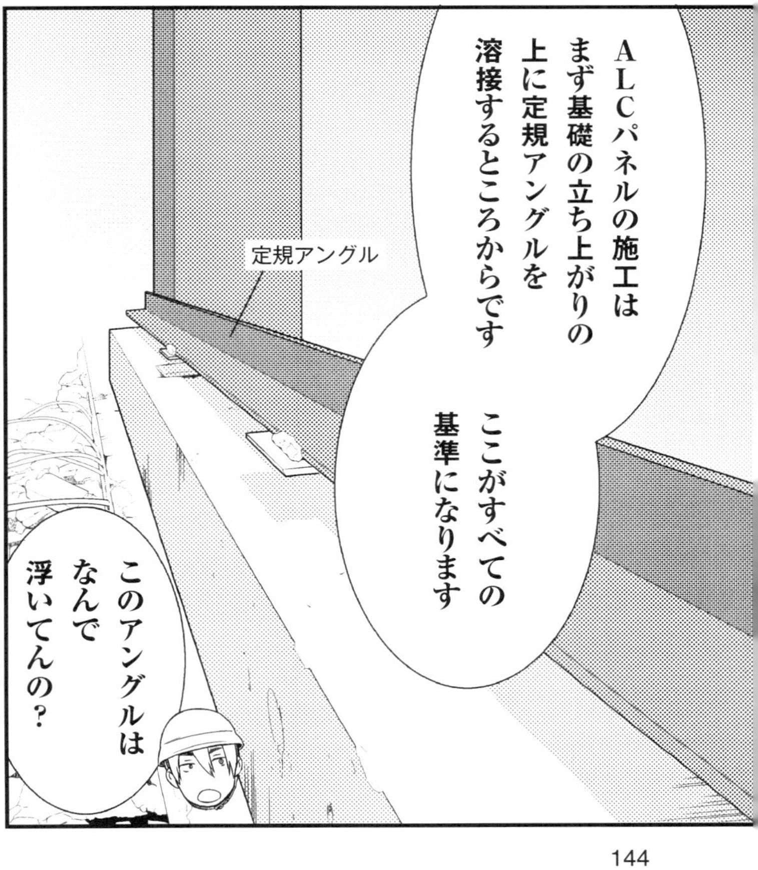

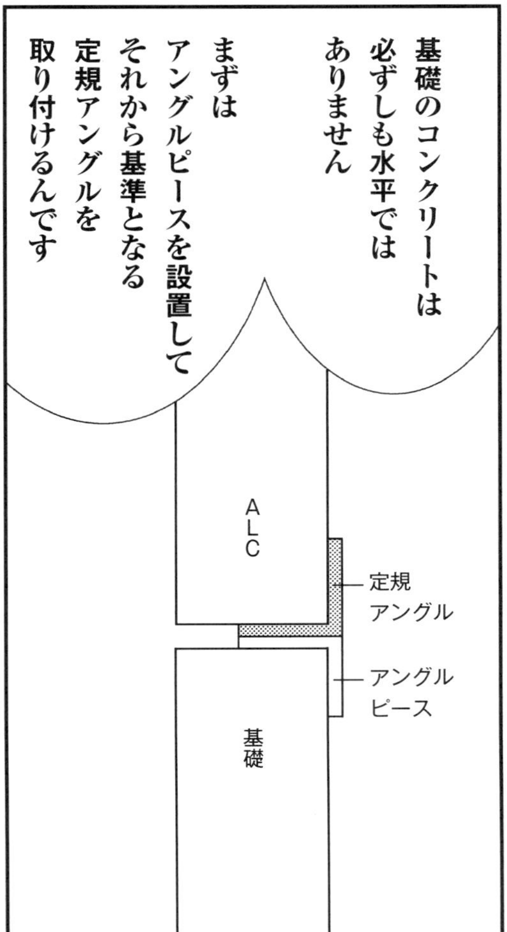

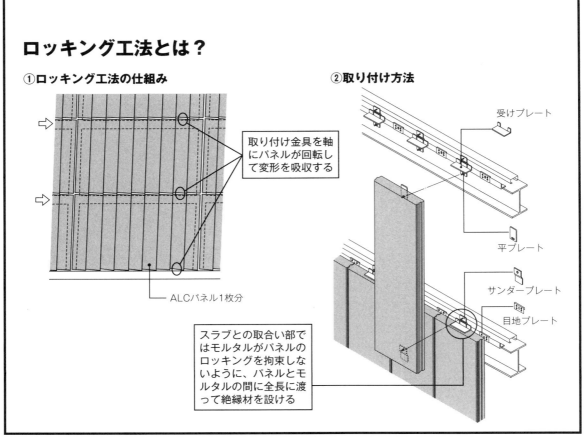

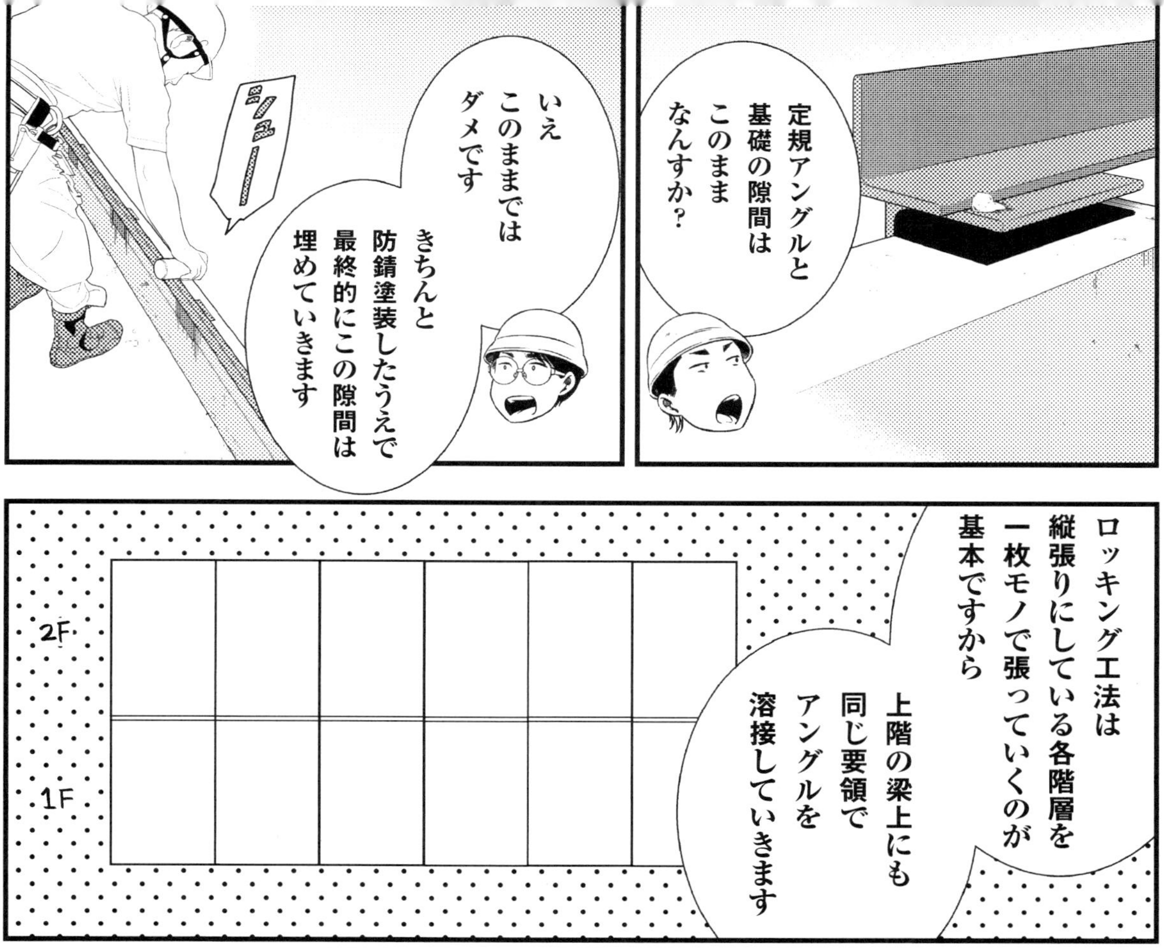

ALCパネルの納まり例

①立断面図

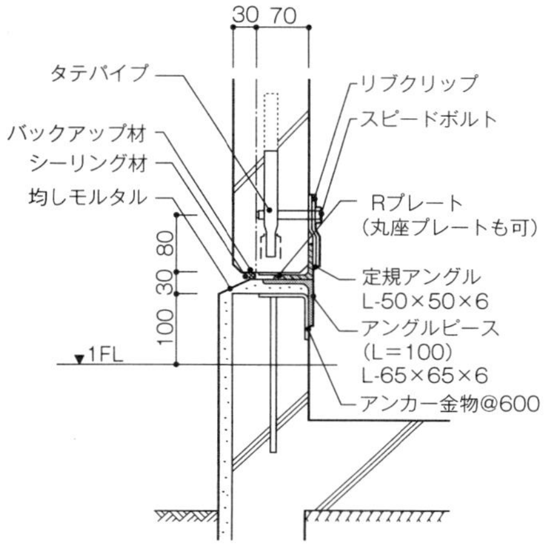

②平断面図

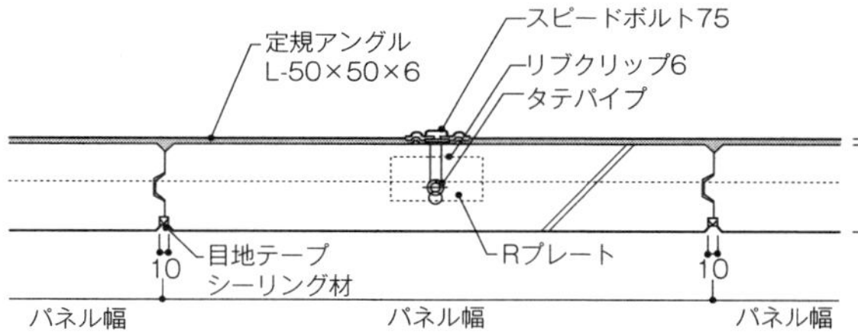

③内観立面図

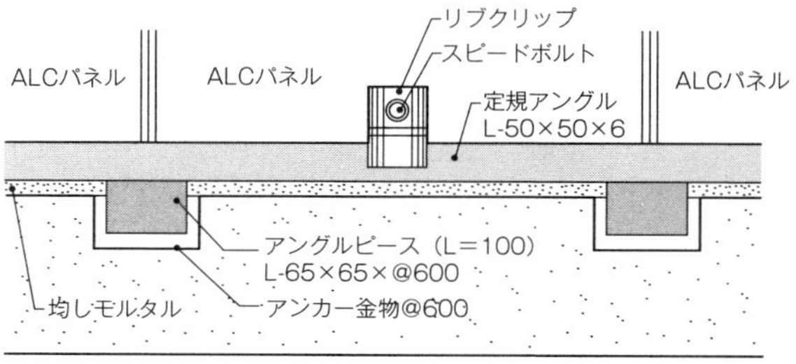

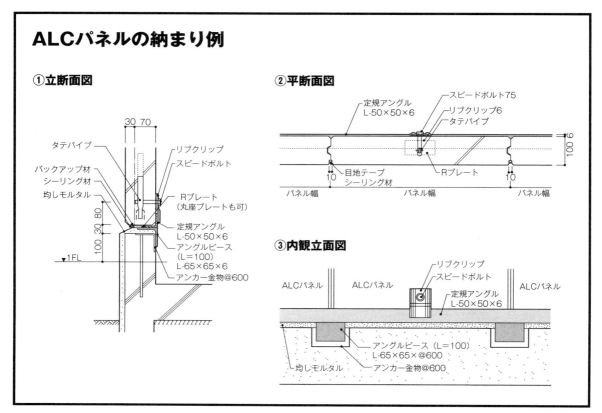

鉄骨造外壁の取り付けパターン

①躯体に外壁材を直接留める

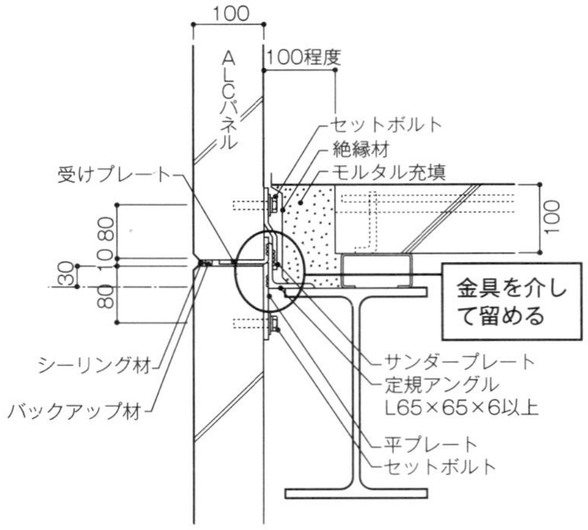

②躯体外にサブフレームを設けて外壁材を留める

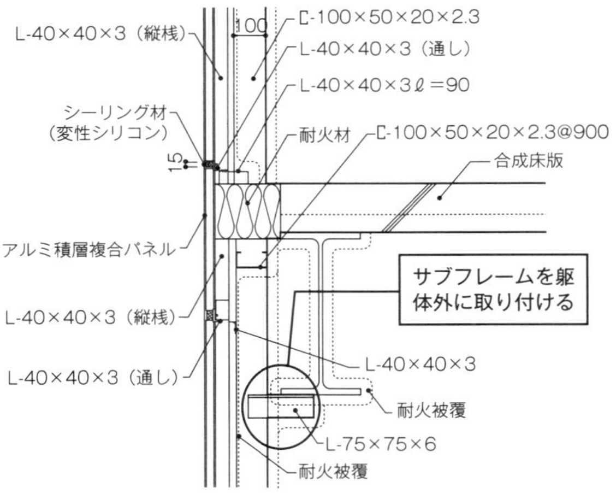

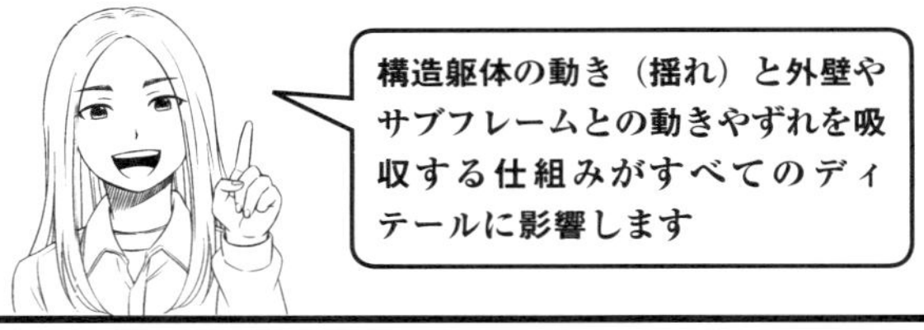

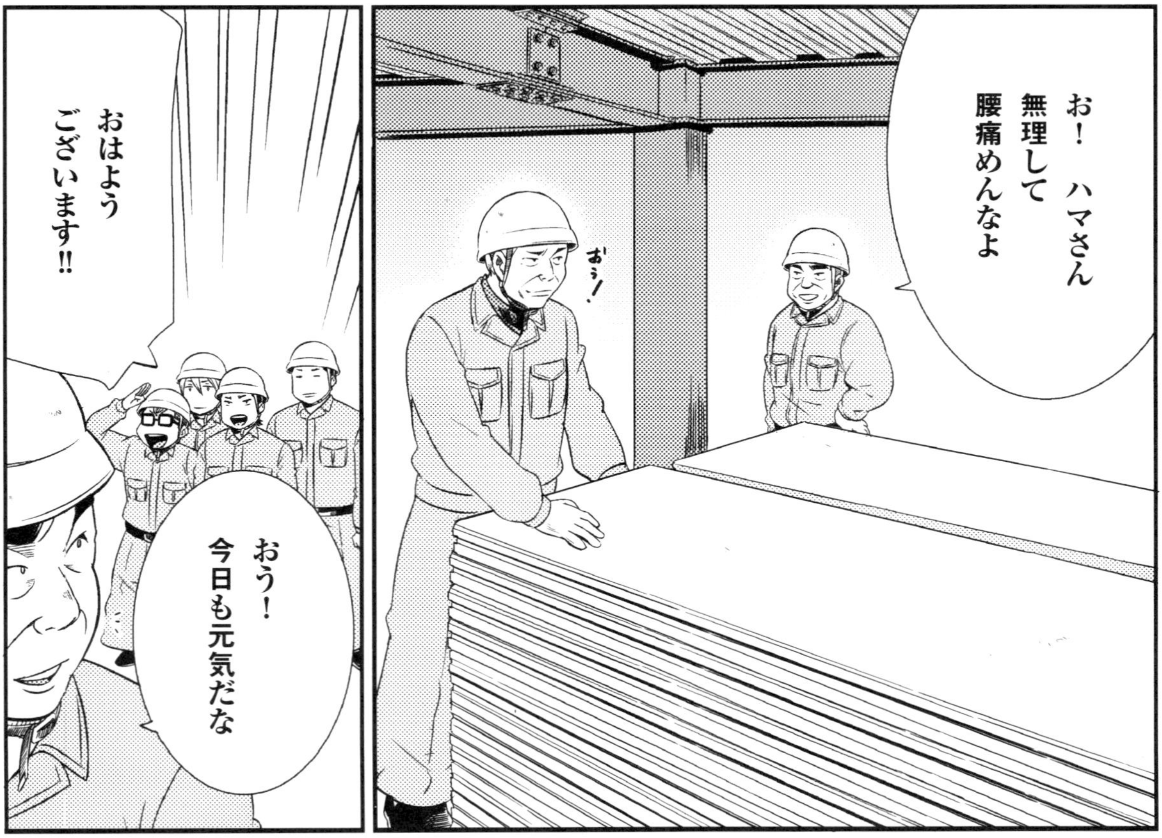

ALCの工事は金具やボルトの種類が多いからつけ忘れないように注意しないとな
タテパイプ
スピードボルト
リブクリップ
それにこの時点で窓の位置も確定しちゃうからね
え？もう決まりなんすか？
何度か現場を見て分かってきたと思うけど鉄骨造はアドリブが全然効かねぇんだわ
そうだな現場作業でいえば基礎やって鉄骨やって床やって壁やってそれから窓って順番だけど
設計上は窓がくる位置にあらかじめ補強アングルを設置しておかないといけないから
窓
補強アングル
そのためには事前に構造部との取り合いを検討したり外壁の割り付けを決めとかなきゃなんねぇ

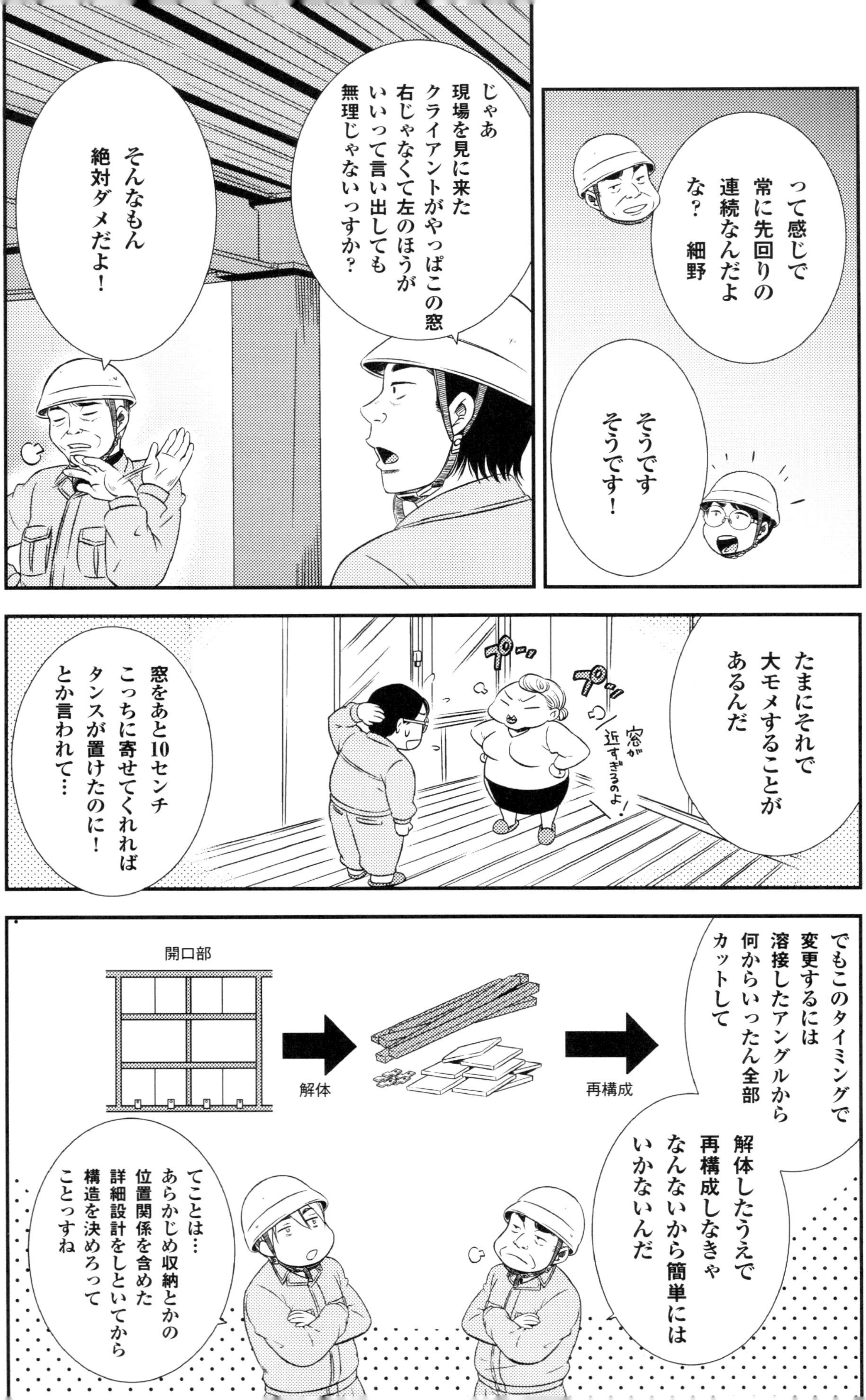
って感じで常に先回りの連続なんだよな？　細野
そうですそうです！
じゃあ現場を見に来たクライアントがやっぱこの窓右じゃなくて左のほうがいいって言い出しても無理じゃないっすか？
そんなもん絶対ダメだよ！
たまにそれで大モメすることがあるんだ
プーッ
プーッ
窓が近すぎるのよ！
窓をあと10センチこっちに寄せてくれればタンスが置けたのに！とか言われて…
でもこのタイミングで変更するには溶接したアングルから何からいったん全部カットして
開口部
解体
再構成
解体したうえで再構成しなきゃなんないから簡単にはいかないんだ
てことは…あらかじめ収納とかの位置関係を含めた詳細設計をしといてから構造を決めろってことっすね

ま、それが理想だけどな
じゃなきゃ出来上がった躯体寸法を元に内装を決めるか…
外観のデザインに関しても窓の大きさやピッチをキレイにそろえたいって
あとから言ってくる設計者がいるんだけどもちろんそれも難しいな
先に言えやと
ポッ!
そのとおり!
ALCのパネル割りをきちんと考え補強部材や取り合いのことまで含めて設計していかないとなかなかうまくはいかないんだ
それはそうと窓の周りってパネルの寸法が半端になりません?
そりゃ半端になるよ だから、そこんところは開口部のサイズに合わせてALCを現場でカットしてキチッとはめ込むんだ
アングル
ALC

ALCパネルの切り欠きの考え方

①内側からの見やすい高さを基準に開口部の位置・大きさを決めた（上部パネルが切欠き制限を超えている［W/4＝150＜300］）

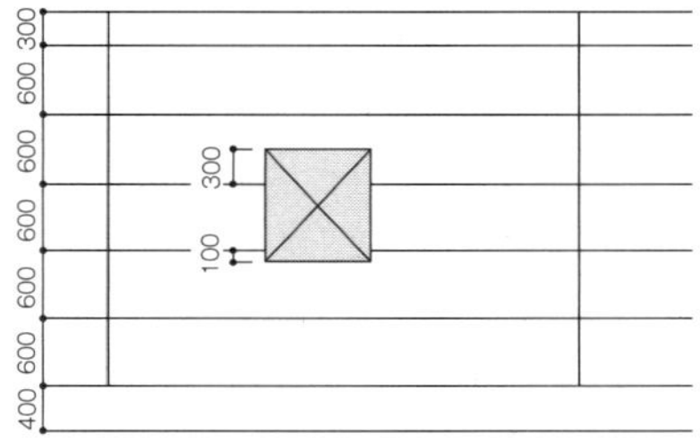

②開口部下端にパネル割りを合わせても、やはり上部パネルが切欠き可能な寸法を超えるので分割しなければならない

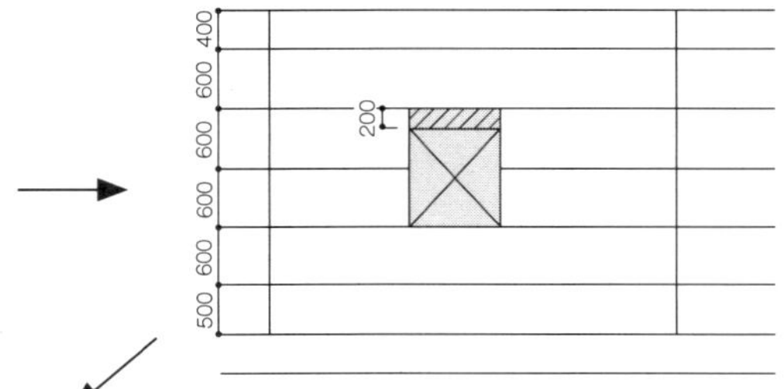

③開口を大きくして分割パネルと揃えるか、パネルの切り欠きが可能な寸法まで開口を縮めるかのどちらかを選択する

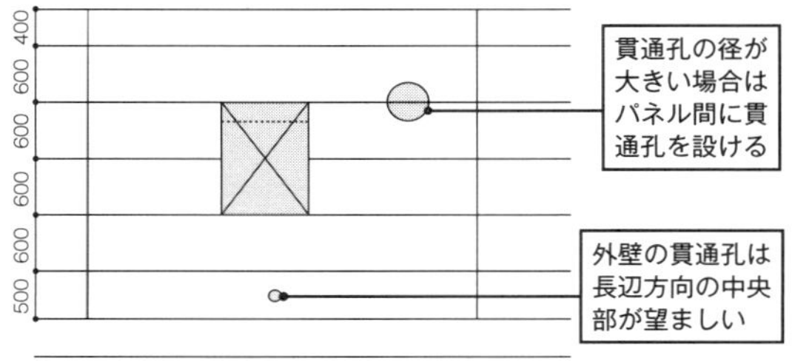

ALCパネルの切欠き制限（外壁用）

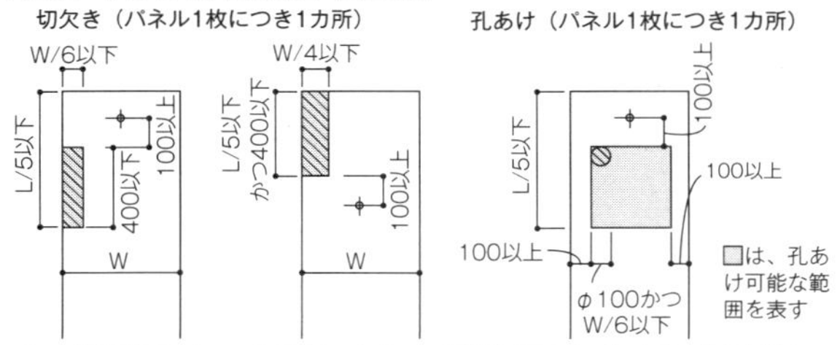

注 ⌖ は埋設アンカー、その他のアンカー、取付けボルトなどによるパネル支持点。Lはパネル長さ、Wはパネルの幅

外壁パネル割付の考え方（キャンチレバーのある建物を例に）

単純な横張りのケースでもパネルの割付はいくつかのパターンが考えられる。ケースA・Bの縦方向の割付基準はキャンチ下端だが、ケースC・Dは基礎梁天端である。また、ケースA・Cの横方向は左右均等にパネルを割り付けているが、ケースB・Dはキャンチの幅を基準にパネルを振り分けている。いずれも開口はそれぞれに割付によって調整されている。このうちどれに決定するかは、構造、設備、法規、内装など、それぞれとの関係で一番よいものを選択する

①ケースA

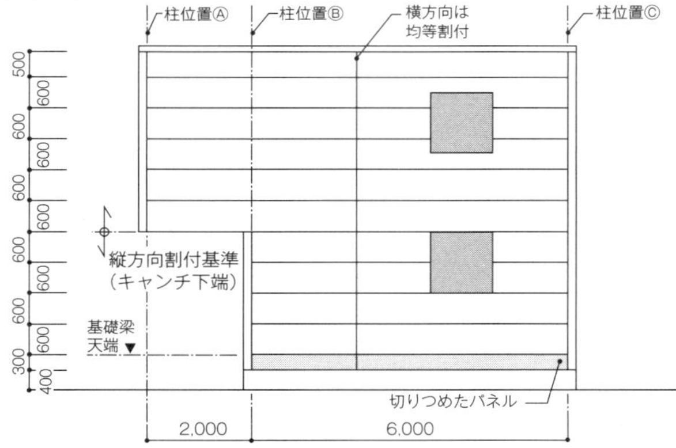

②ケースB

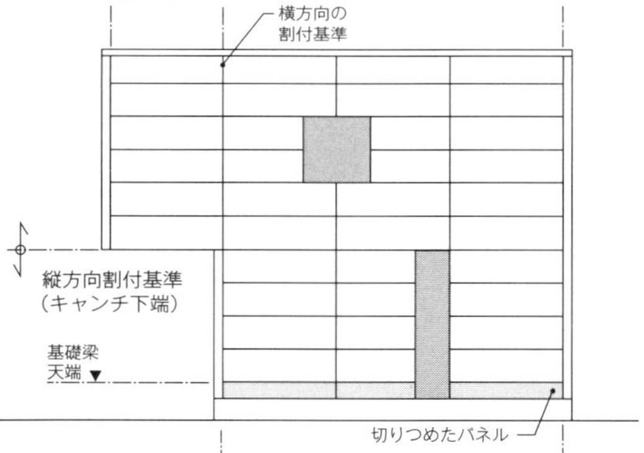

③ケースC

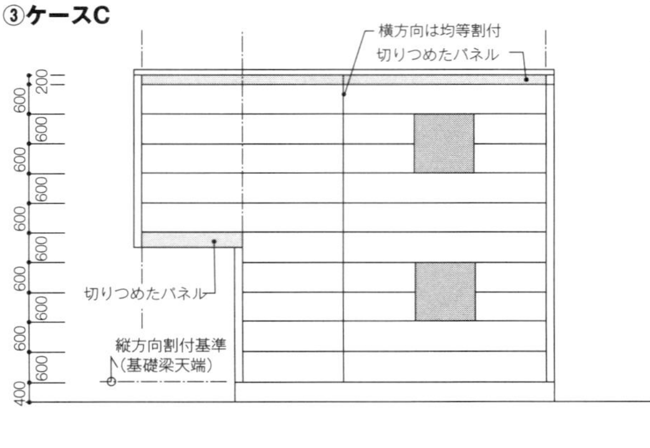

④ケースD

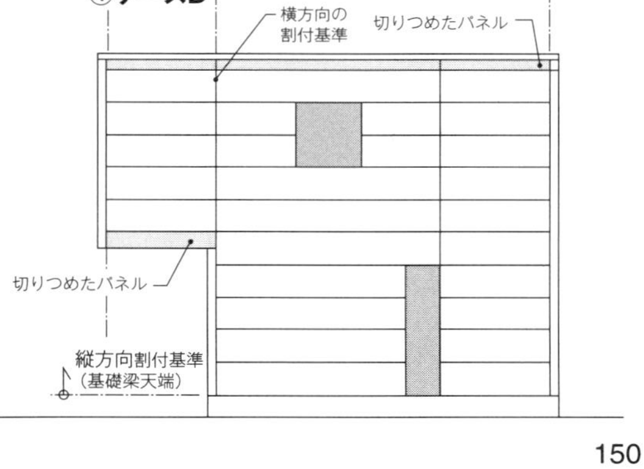

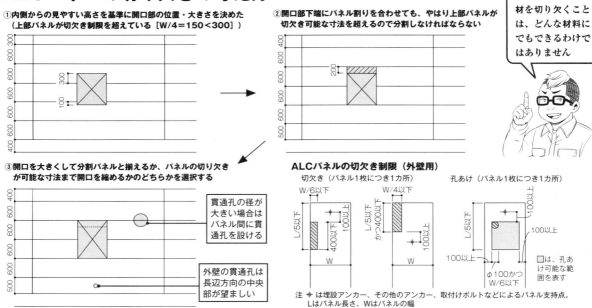

ALCパネルを縦使いする際のポイント

①天井まで届かない開口（室外）

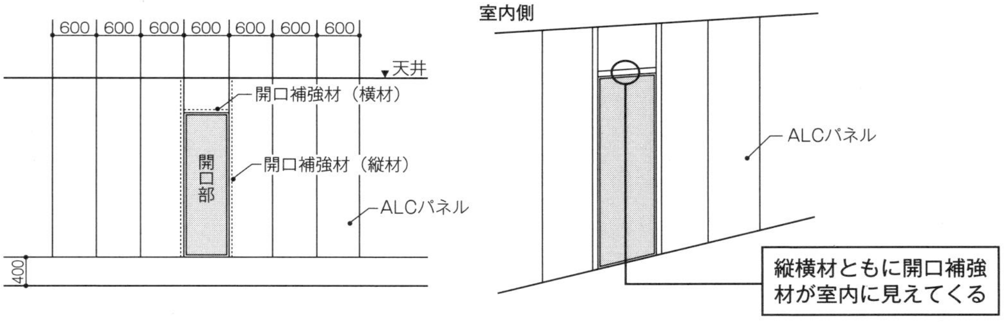

②天井までの開口

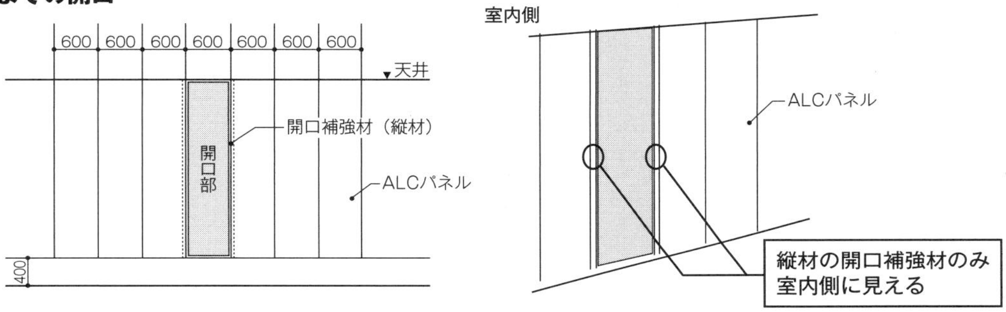

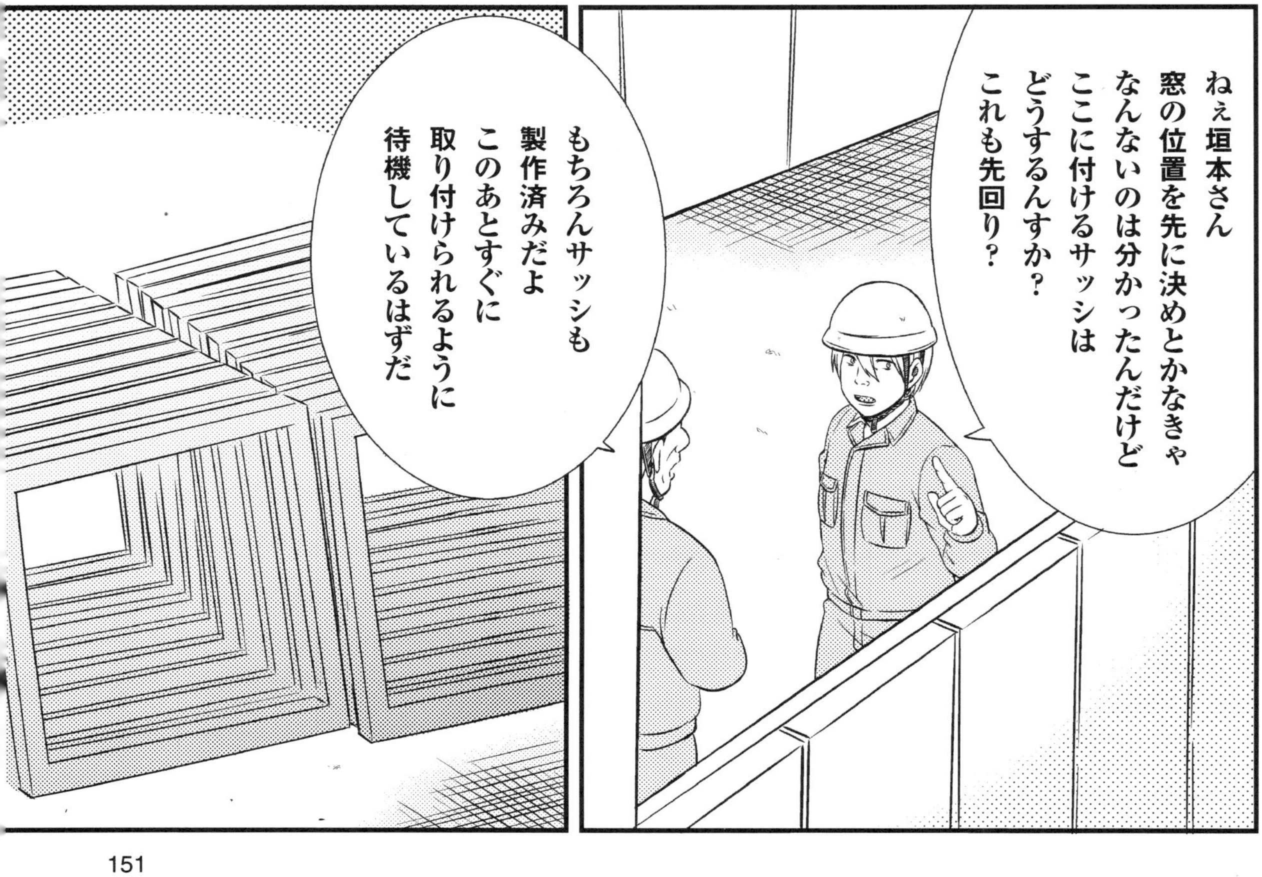

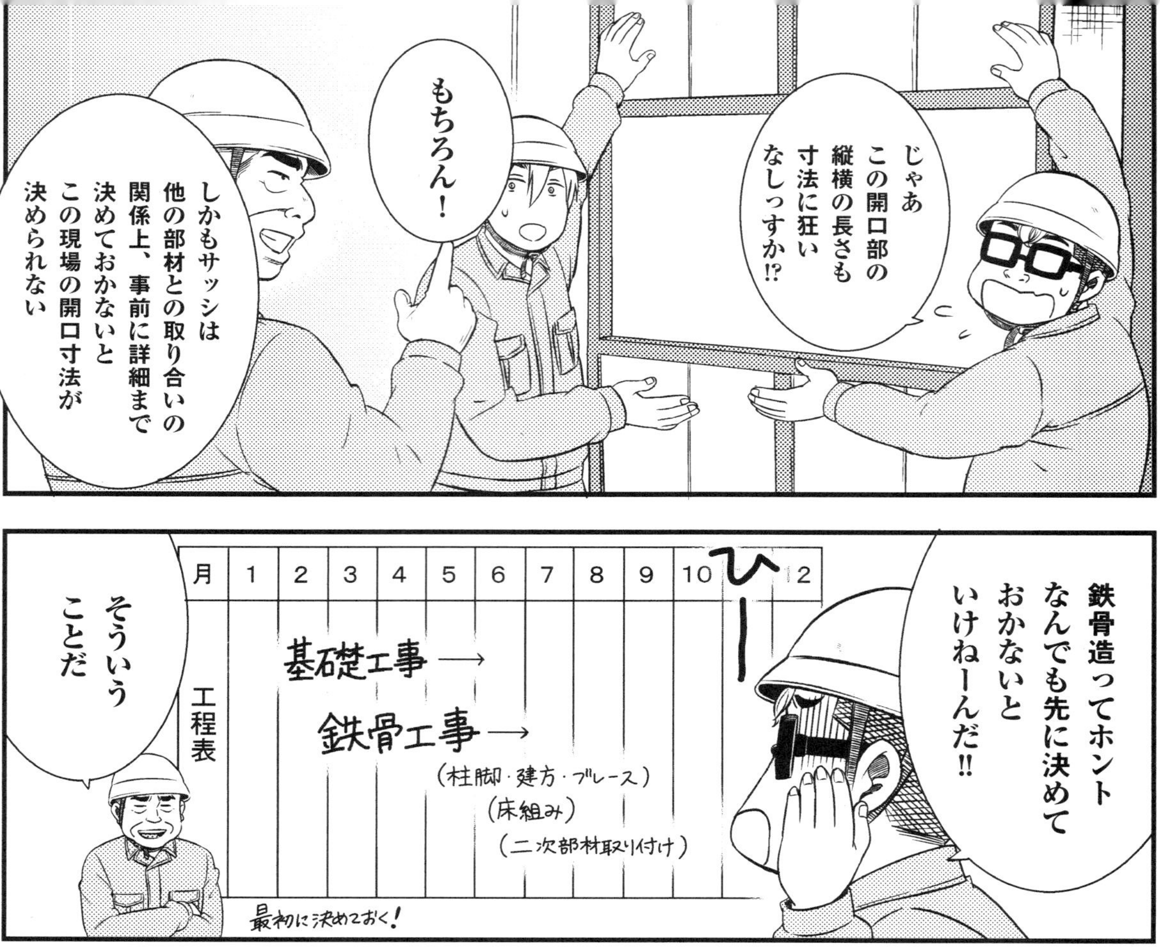

ALCパネル仕上げの開口部の納まり例

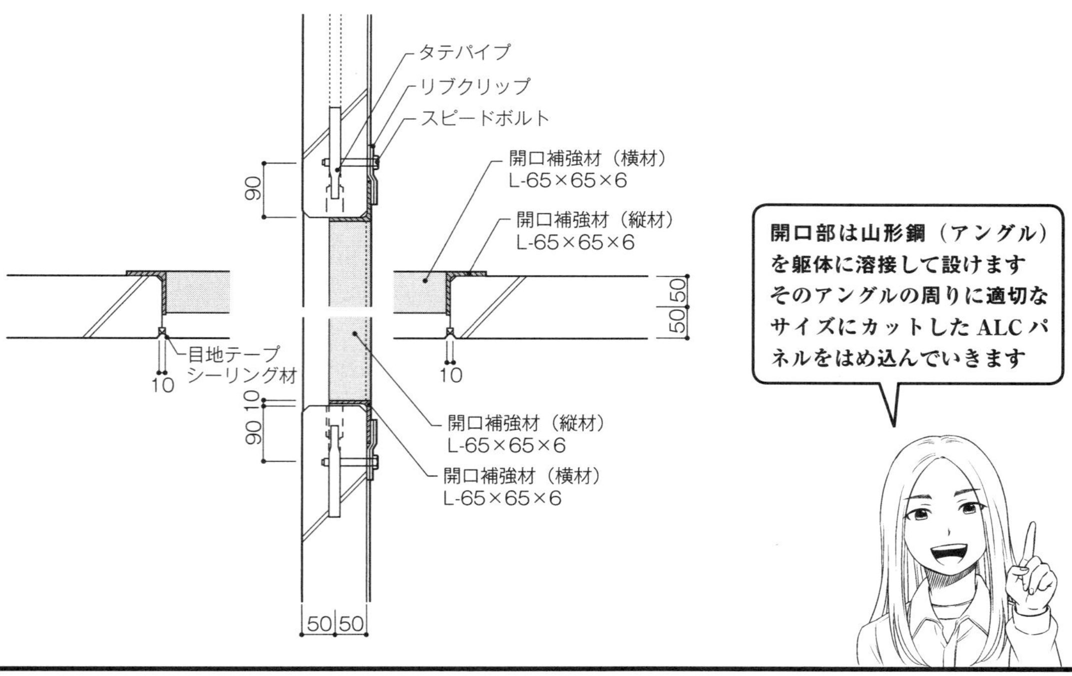

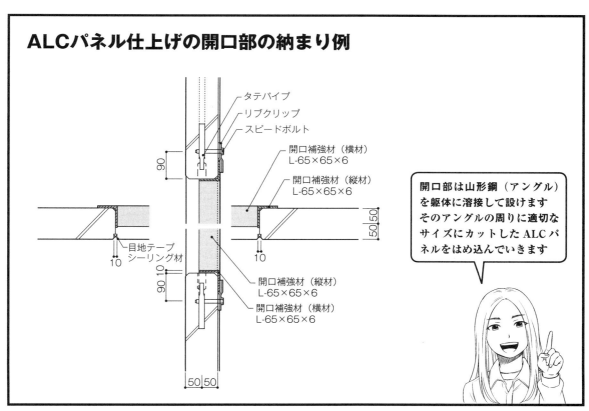

ALCパネル用サッシの一例

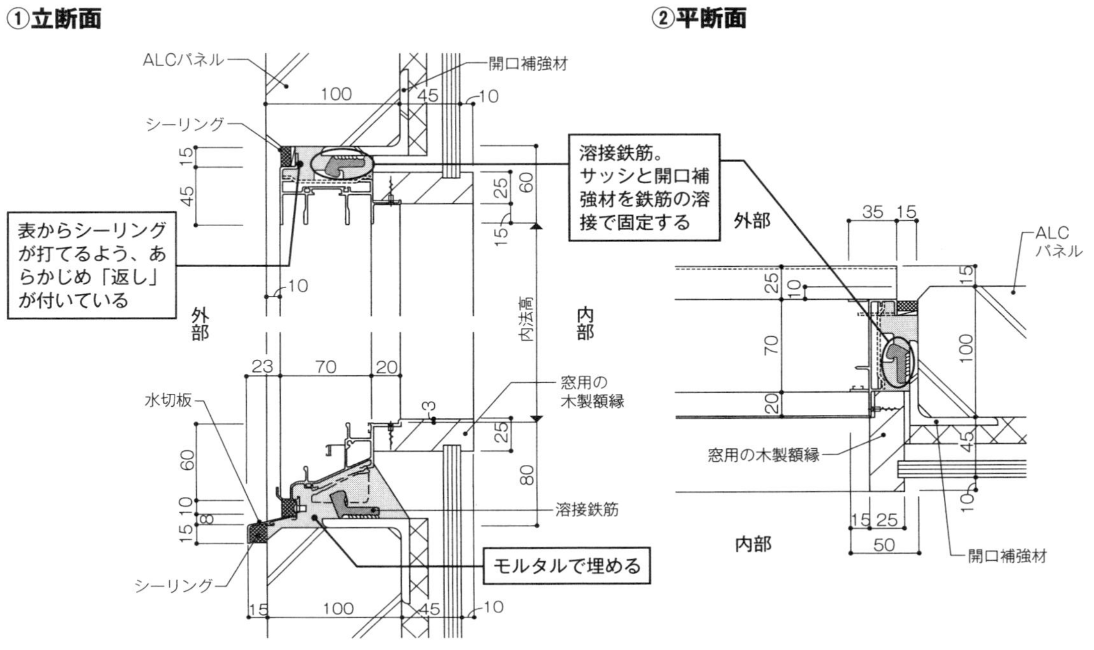
①立断面
②平断面
ALCパネル
開口補強材
シーリング
溶接鉄筋。サッシと開口補強材を鉄筋の溶接で固定する
表からシーリングが打てるよう、あらかじめ「返し」が付いている
外部
内部
内法高
水切板
窓用の木製額縁
溶接鉄筋
モルタルで埋める
シーリング
ALCパネル
窓用の木製額縁
開口補強材
外部
内部

そういえば…鉄骨造の外壁といえば横にラインの入った建物も見たことあるけど
あれもALCなんすか？
外壁は横に張る工法もあるんです ALCもそうですが特に「押出成形セメント板」は横に張ることが多いですね
「押し出しで攻めとく番」？アメフトとか相撲みたいっすね
いやいや…
どす
押出成形というセメント、けい酸質原料繊維質原料をトコロテンみたいに型に押し出して固めてつくる耐火性のボードがあるんです
ALCとは何が違うの？

見た目やコスト以外の現場作業上の違いを言うと…横張りにする場合はそれを支えるためにあるものが必要になりますね！
ブッ
ブッ
押し出しの前は横っ面に張り手だから…
だからぁアメフトでも相撲でもねぇよ!!
いやツッパリの稽古には鉄砲柱も大事だよな
うーん
分かった!!
答えは「柱」っしょ！
正解！
正確には胴縁ですけどね
横張りで板を取り付けるときはあらかじめ縦方向の胴縁を決められたピッチで取り付けておく必要があるんです
縦胴縁
押出成形セメント板
いわゆる「シーちゃん」ってやつですね
そう大正解！
正しくはC形チャンネルですけど
よっしゃー!!
ワァァ

押出成形セメント板の納まり例

①基礎部分

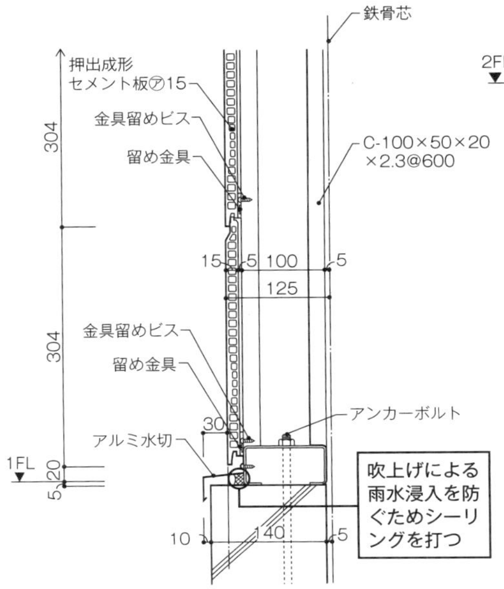

②中間部分

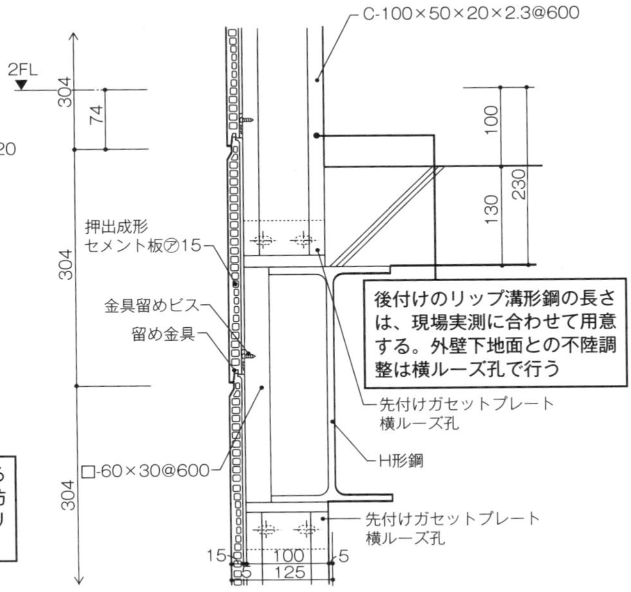

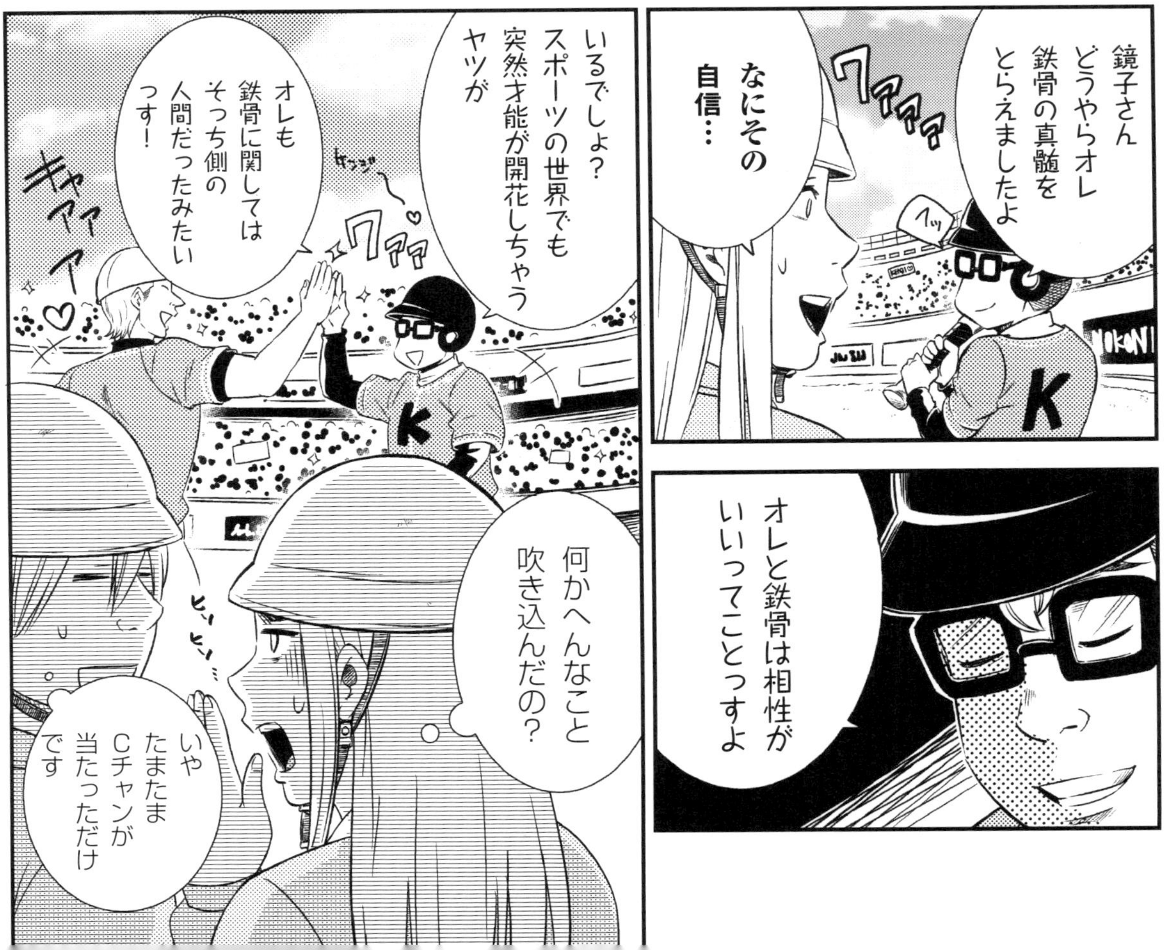

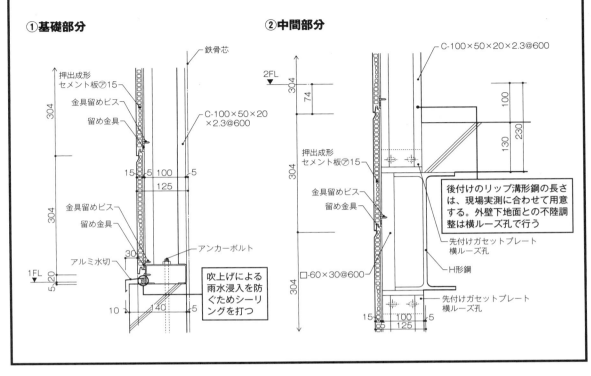

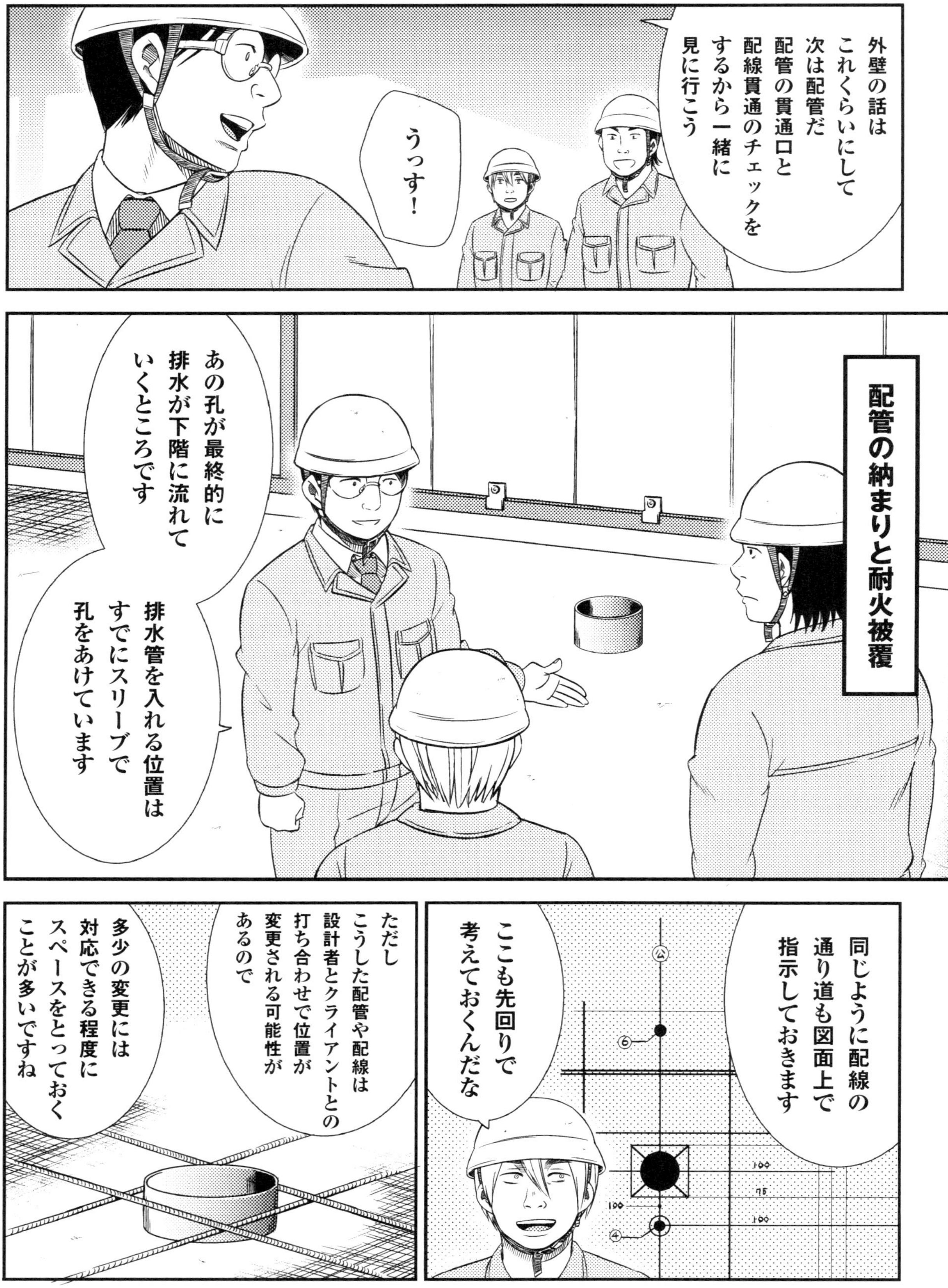
外壁の話はこれくらいにして次は配管の貫通口と配線貫通のチェックをするから一緒に見に行こう
うっす!
配管の納まりと耐火被覆
あの孔が最終的に排水が下階に流れていくところです
排水管を入れる位置はすでにスリーブで孔をあけています
同じように配線の通り道も図面上で指示しておきます
ここも先回りで考えておくんだな
ただしこうした配管や配線は設計者とクライアントとの打ち合わせで位置が変更される可能性があるので
多少の変更には対応できる程度にスペースをとっておくことが多いですね

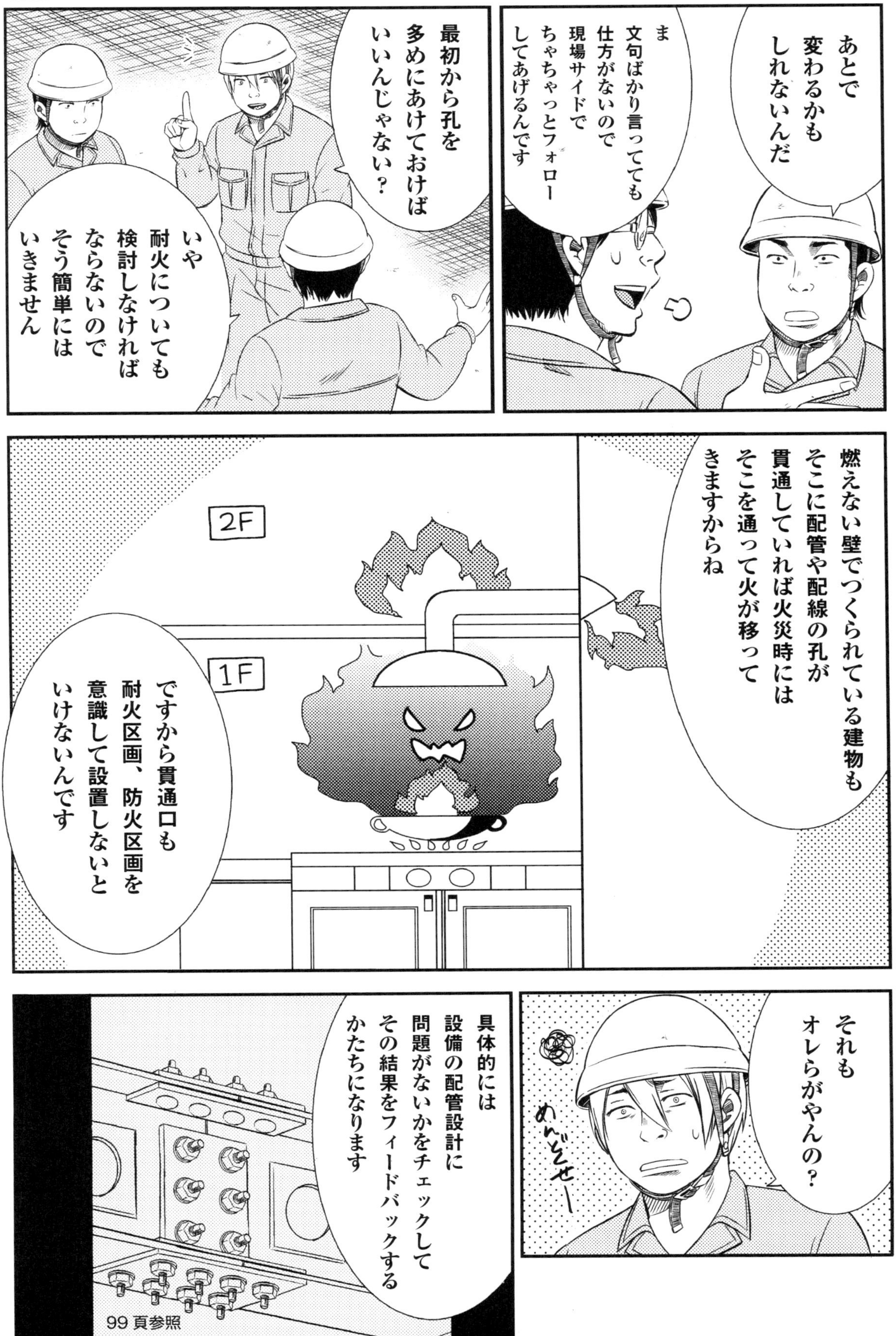
あとで変わるかもしれないんだ
ま 文句ばかり言ってても仕方がないので現場サイドでちゃちゃっとフォローしてあげるんです
最初から孔を多めにあけておけばいいんじゃない？
いや 耐火についても検討しなければならないので そう簡単にはいきません
燃えない壁でつくられている建物もそこに配管や配線の孔が貫通していれば火災時にはそこを通って火が移ってきますからね
2F
1F
ですから貫通口も耐火区画、防火区画を意識して設置しないといけないんです
それもオレらがやんの？
めんどせー
具体的には設備の配管設計に問題がないかをチェックしてその結果をフィードバックするかたちになります
99頁参照

要するにケツモチなわけだ!
まぁケツモチと言われればそうかもしれませんが
ハハハ
でも鉄って燃えないんでしょ?
フライパンとか燃えねえし!
たしかに燃えはしませんが鉄骨が燃えないことと耐火性能については別の話です
実は鉄骨というのは火に弱いんです 熱を加えると400度くらいから強度が急激に低下していきます
鉄骨は俺が守る!
耐火被覆
だから鉄骨に変形が起きないように「耐火被覆」という鉄骨に熱を伝えないための処置が必要になるんです
耐火被覆って体育倉庫とかで見るモコモコしたやつでしょ?
しみじみ
YONAY
オレバスケットボールぶつけてそれ剥がそうとしてた
そんなことしちゃダメです!

耐火被覆の工事は
この現場ではもう少し
あとの工程になります
ただ近所に
実物が見られる
建物がありますから
昼食のときにでも
また説明しましょう
やったー 昼メシ♪
この近くでも
工事したところが
あるんすか？
ここらへん一帯の
鉄骨造はたいてい
風間金属工業です！
すげ————！

梁貫通スリーブの納まり

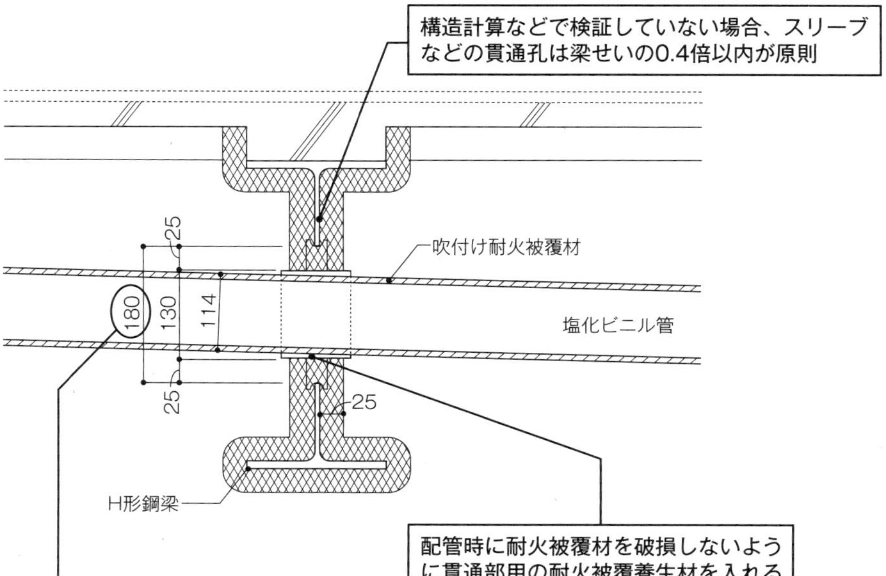
構造計算などで検証していない場合、スリーブなどの貫通孔は梁せいの0.4倍以内が原則
吹付け耐火被覆材
塩化ビニル管
H形鋼梁
25
130
114
180
25
25
配管時に耐火被覆材を破損しないように貫通部用の耐火被覆養生材を入れる

呼び径100㎜の塩化ビニル管は外径が114㎜あるため、耐火被覆を25㎜厚（1時間耐火）で吹き付けると、多少のクリアランスを加えて180㎜径程度の貫通孔が必要になる。意外と大きな孔になるので薄い耐火被覆材を使うと効果的（スリーブ部分の被覆を必要とするか否かは、各行政機関によって見解が異なる）

P
駐車場入り口
高さ制限2.1M
んー〜
腹減ったぁー
！
これこれ！このゴワゴワしたやつっすよね！
これが一般的な吹付け式の耐火被覆 普通はこの上に仕上材を取り付けるから見えなくなる部分ですね！
素材はなんすか？

それは…
ロックウールとセメントペーストを混合したものであります！
ド
鉄骨まるわかりBOOK
ロックウールって何？
え…ロックは岩でウールは羊？だから…
羊はマトンだろ？
バカそりゃ肉の話だ
羊はシープじゃねーの？
ロックウールというのは岩石を溶かして細かい繊維状にしたものです
岩
ロックウール
残念ながら羊とは関係ありませんいわば石の綿ですね
石の綿？石綿ってたしか身体によくないんじゃ…
えっ!?
アスベストのことを石綿といいますがこれは今では製造も使用も全面的に禁止されていますそもそもロックウールとはまったく別の材料です
燃えない繊維を人工的につくり出したのがロックウールなんです

施工の際は周辺に被覆材が飛び散るのを防ぐために養生をきちんとしておくことが大切です
あと建物の耐火性能を発揮するために部位ごとに吹き付ける厚みが決まっていますそれもきちんと守ること
厚みってどんくらいっすか？
たとえば梁の1時間耐火なら25㎜以上なければなりません
断面図
25㎜以上
こんなにモコモコしてるのに厚みとか分かるんすか？
ピンを刺して厚みを確認しながら吹き付けていくんです
厚さ確認ピン
吹き付けが終わったらコテで押さえていきます

耐火被覆の上に仕上げのボードとかを張る場合はどうすんの？
モコモコしてたらくっつけられないじゃん
その場合はあらかじめボード取り付け用の下地を耐火被覆の前に呑み込ませておくんです
耐火被覆
二次部材
木
下地にはCチャンや木が使われますね
ボードを使っても耐火区画が正しく構成されるようにきちんと耐火被覆がなされてないといけないんです
やっぱここでもすべて先回りで考えとけってことですね
相当先読みできなきゃ務まんないですね鉄骨屋は

ヒロキたちのがんばりもあり
「荒川流通」の倉庫は無事竣工した
荒川流通
…
心配…ですか？
ん…？いや…まぁな

その頃
ヒロキたちは——
風間金属工業
属工業
まっ
ピシッ
最初の頃と比べれば
ずいぶん顔つきも
よくなってきたけど
くるっ
くるっ
その格好
くさい
汚い
ダサい
ほかに
着るもん
なかったの？
オレらの
特訓の成果を
ダサいの一言で
片づけるん
すか！
ガ〜ン
努力は
認めるけど
それにみんな
ガチガチじゃない
肩の力抜いて！
リラックス
リラックス！
そういう鏡子さんこそ
さっきからウロウロして
落ち着きないですよ？
はっ
そわ
そわ
これはね
歩きながら
考えてるの！
いいこと？
かあぁ
走りながら
考える！
つくりながら
考えること！
いざ製作となったら
じっくり考えてる
時間はないわよ
走りながらに
なってるし…

いつもどおりやれば大丈夫だからしっかりおやんなさい！
絶対に負けっこないんだから！
うすっ!!
淀川鋼業
えー
本日は風間金属工業が淀川鋼業グループに入るきっかけとなる
めでたい記念日でもあります

まだ勝負してませんが？
いやーこれは失敬失敬！
で、課題は決まったんすか？
お、だいぶエエ面《つら》になってきよったな！
その気構えやったらうちの系列になってもつこたるわ
誰がてめえのとこで働くかよ！
そういうことは結果出してから言いや！
ほないくで！今回鹿林建設さんいや駒建造先生から出されたモックアップの試作はこれや！

うーん
僕のイメージのなかで
どんな系にしようかと
思ったんだけどぉー
ただ意味のない
モックアップじゃ
つまらないし
無駄でしょう？
だから
アートセンター
ホール系に飾れる
オブジェにしたわよん♪
ドーーン
これはまた
駒先生独特の
機能するアート
ですな！
遊具系と造形的な
イマジンを
コラボレーションして
環境アート的に
まとめた
鉄のオブジェ
よーん♪
くね
くね
ゲーーー。。。
あいかわらず
キモい
おっさんだわ
なんか
言ったんか？
くるっ
いえいえ！
とっても爆発アート的
ですわー
特に構造的に
アンバランスなとこが…
このオブジェは
通常の力学的には
構造が破綻して
いるんです
くど
くど
そこを僕がエンジニア
リング的に解析して
成り立たせて
おりまして…
くど
まぁ
正気の沙汰では
ない構造物ね

でも
チャレンジするには
もってこいだわ！
ほー
ニヤリ
相当な自信でんなぁー
江戸川工業の職人たち
勝負の結果は
時の運といいます
からな！
負けたら約束
守ってやー！
じゃ
逆にうちが勝ったら
今回の仕事は鹿林建設から
直接受注で
あなたのところを下請けに
使うからね

ほーそりゃ面白いなぁ私どもも元気のある協力会社は大歓迎ですよ！
いいですね！構造家としては威勢のいい会社も女性も大好きですよ
僕のオブジェでひとつのビジネスの命が明滅するって
すっごいエキサイティングアンドファナティックじゃなーい？
じゃオレら着替えてきますんで！
タッ
え…？ちょっと！なんで？
なんやぁ？おじけづいたんか？
ニヤニヤ
な！
そんなことないわ！あの子たちがどれだけ頑張ってきたか！

どれだけ…
う… けっこう重いな…
ズシッ
オーライ オーライ
ザッ
おまたせしました！
あ、あんたたち!?
ギョッ
ざわ…

ドー
竜子♥命
多古舎弟
全容妾上等
風間金属
やってやるぜ!
ほえずらかくなよ!
オレ生まれて初めて勉強したんだかんな!
ダサいからやめようって言ったんですけどね…
勝負!!

ギュ…
風間金属
川 鋼 業
全溶接上等

結局モックアップ
製作バトルは
圧倒的な技術力とチームワークで
風間金属工業が大勝利を収めました
グッジョブ!
鹿林建設の
大沢・速水ついでに
駒からも高評価の
お墨付き

仕事は風間金属工業へ特別発注
淀川鋼業は下請けになったにもかかわらずなんの発注も受けられず…
ふんだりけったりや
アホー!
職人さんたちは可哀想だけど…いい気味
テツヤとショウはその後学業に専念城北大学の建築学科に揃って入学
ヒロキとケンジは来年の城北大学を狙って浪人中
でも風間金属工業でのバイトは続けてくれています!
風間金属工業
風間金属工業
終

予測する力

森山高至

鉄骨造の建物ってどういうものなんだろう？

皆さんは通りがかりの工事現場で、横付けされた大きなクレーン車から鉄骨の柱が吊り上げられていくのを見たことがあるでしょう。「ちょうどいま、鉄骨を組み上げているんだな」。この先またそんな場面に出くわしたなら、ついでに壁に貼ってある工事のお知らせ看板を見てみてください。「鉄骨製作工場名表示」という標識があるはずです。

そこには、こんなことが書いてあります。「鉄骨製作工場名、代表者名、所在地、認定番号」。工場の所在地は工事現場からずいぶん離れた場所、場合によっては他県、現場が東京だとするともっと遠く関西だったり東北だったり、びっくりするくらい遠くの場所から運ばれていることもあります。都心のド真ん中の繁華街に建つ最新式のビルの鉄骨が、山形県から来ていたり静岡県から届いていることがあるのです。あっちはまだ雪が残っているのかな？　こっちは梅雨明けしたかな？　とつい想像してしまいます。と同時に、こんなことが頭をよぎるのではないでしょうか。「どうしてそんな遠くの工場でつくるのだろう」。

鉄骨造という建物は、鉄骨加工工場でほぼ完成形まで製作します。それらを現場で組み立てていくだけ。

それが鉄骨造最大の特徴といえるでしょう。いうなれば、巨大な「通販キット」。だから、現場から遠く離れた場所でも製作可能なのです。

工場でほぼ完成形まで製作する理由はもう一つ。「ミリ単位の精度が求められる」からです。最終的に数十メートルの高さになるビルも、組み立て以前はトラックやトレーラーで運べる大きさ、クレーンで吊り上げられる大きさ、路地や建物の隙間をすり抜けられる大きさにまで分解されたパーツとして製作されます。それを現場で一気に組み上げるわけですから、パーツどうしがピシっとハマらなければ一大事です。わずか数ミリの狂いも許されません。十分に管理された工場の中で一つひとつのパーツを丁寧に製作する以外、高い精度を達成する方法はないのです。しかも、作業中の現場は交通規制をかけています。予定時間内に作業を終わらせるためには、精度と同時に組み立てやすさにも配慮しておかなければなりません。

人間の骨格が内臓を支えたり筋肉とつながっているように、鉄骨の骨組みも鉄骨以外のモノがくっついたり、関係したりしています。設備配管の通り道の確保、窓枠の据え付け、防火処置……。あらかじめ精度と組み立てやすさを考えておくのは、鉄骨の骨組みとは関係なく思える工事でも同じです。それもこれも、やはり鉄骨造が「通販キット」だから。現場での修正や直しがきかない。これが鉄骨造を考えるときの、すべての始まりになります。

本作は、鉄骨造の建物が完成に至るまでのさまざまな苦労や出来事をストーリー仕立てにしたものです。これから鉄骨造の建物を依頼しようとしているクライアントさん、鉄骨造の設計を始めようとしている若き設計者、いままさに鉄骨加工工場で働こうとしている君たちに、参考になるエピソードをたくさん盛り込みました。本作を通じて、工事現場を見ているだけでは分からない工場での苦労、鉄骨造の仕組みや考え方が分かれば、無駄のない設計、つくりやすい構造に思いが至り、建築の面白さや良さをますます理解できることでしょう。そして、行ったこともない遠くの場所で鉄骨の骨組みに関わっている人たちの姿を想像できるようになるはずです。

作中、登場人物たちが再々口にしているように、鉄骨造で一番大事なのは予測する力です。このような設計をすると鉄骨に何が起こるか、鉄骨部分に何がどのようにかかわってくるか……、あらゆる状況を想定して設計していく想像力なしに、鉄骨造の設計を成功に導くことはできません。

鉄骨加工工場の人たちは、手元にきた1枚の図面が隙のない予測のもとに描かれている図面かどうか、本当に設計ができる設計者が描いた図面かどうかをひと目で見抜きます。万が一問題のある図面が届けば、工場の人たちは大いに悩むでしょう。そして、あなたの知らない遠い場所で話し合うはずです。この設計者はこちらの指摘提案を受け入れてくれるだろうか、工事見積りを下げる工夫をアドバイスしていいだろうか、そもそも元の図面にダメ出しをすることをよしとする人だろうか……。

あなたが本当に鉄骨造を我がものにしたいと思うなら、鉄骨加工工場から加工や組み立てに関する「相談」がきたら、喜んで応じてあげてください。工場や現場の人と話し合う準備が常にできている設計者だけが、将来素晴らしい建物を設計できる資格を有します。いまよりもっと複雑なデザイン、アクロバティックな構造でも、工場や現場における合理的な建築方法さえ知っていれば、その仕組みからコストバランスまで考え抜いた筋の通った設計ができるようになるのです。

想像力豊かに取り組んでいく鉄骨造、遠くの現場でも対応可能な鉄骨造、そんな鉄骨造の本質を理解した人が増えてくれれば、日本中の、いや世界中の鉄骨造のクオリティがますます上がっていくに違いありません。

（建築エコノミスト）

原作　森山高至　moriyama takashi

建築エコノミスト、一級建築士。
1965年岡山県生まれ。早稲田大学理工学部建築学科卒業、同大学大学院政治経済学部修了。建築設計事務所を運営し、これまでかかわった建物は1,000件以上を数える。建築と経済に関するコンサルタントのかたわら、業界誌や一般誌における建築分野の論客として、その分かりやすい語り口に定評がある。サブカルチャー全般にも造詣が深く、特に近年はマンガ評論やマンガ原作に注力している。テレビ・ラジオ番組のコメンテーターとしても活躍。主な著書に、『マンガ建築考——もしマンガ・アニメの建物を本当に建てたら』（2011年・技術評論社）。

漫画　氏房久美子　ujifusa kumiko

岡山県出身、大阪府在住。
アミューズメントメディア総合学院大阪校卒業後、緒方てい「キメラ」（集英社）、小路啓之「犯罪王ポポネポ」（集英社ジャンプ改）など、さまざまな漫画家のアシスタントについて漫画表現の技術を学ぶ。現在、自身が原作から構想した新作を準備中。

ストーリーで
面白いほど頭に入る
鉄骨造

2018年10月27日　初版第1刷発行

原作　森山高至

漫画　氏房久美子

発行者　澤井聖一

発行所　株式会社エクスナレッジ
〒106-0032 東京都港区六本木7-2-26
http://www.xknowledge.co.jp/

問合せ先

編集　Tel 03-3403-1381／Fax 03-3403-1345
info@xknowledge.co.jp
販売　Tel 03-3403-1321／Fax 03-3403-1829